儿童视角的
幼儿园环境创设研究

张首文◎著

汕頭大學出版社

图书在版编目（CIP）数据

儿童视角的幼儿园环境创设研究 / 张首文著.

汕头 ： 汕头大学出版社，2025. 1. -- ISBN 978-7-5658-5520-7

Ⅰ. G617

中国国家版本馆 CIP 数据核字第 20252DP772 号

儿童视角的幼儿园环境创设研究

ERTONG SHIJIAO DE YOUERYUAN HUANJING CHUANGSHE YANJIU

著　　者：张首文

责任编辑：胡开祥

责任技编：黄东生

封面设计：寒　露

出版发行：汕头大学出版社

　　　　　广东省汕头市大学路 243 号汕头大学校园内　　邮政编码：515063

电　　话：0754-82904613

印　　刷：定州启航印刷有限公司

开　　本：710 mm×1000 mm　1/16

印　　张：15.75

字　　数：218 千字

版　　次：2025 年 1 月第 1 版

印　　次：2025 年 1 月第 1 次印刷

定　　价：88.00 元

ISBN 978-7-5658-5520-7

前　言

　　环境是支撑幼儿持续发展的重要载体，幼儿园保教质量的提高也离不开良好环境的创设。《幼儿园保育教育质量评估指南》将环境创设作为重要的评估内容，其核心内涵在于促进幼儿园积极创设丰富适宜、富有童趣、有利于支持幼儿学习探索的教育环境。环境创设不仅关注物理环境的创设，还强调环境与幼儿的互动性，以及环境对幼儿学习和教师专业发展的支持作用。因此，如何从幼儿视角出发，合理规划和建设幼儿园环境，成为教育工作者和研究者关注的焦点。本书在系统分析幼儿园环境创设的基础上，提出了一系列以幼儿为中心的环境创设原则和方法。幼儿作为环境的直接体验者，其需求和感受应被充分尊重和考虑。传统的成人视角往往忽略了幼儿的实际需求，导致一些幼儿园虽然环境优美，但并未真正满足幼儿的成长需求。因此，转变视角，从幼儿视角重新审视和设计幼儿园环境尤为重要。

　　本书共分为六章，从幼儿园环境创设的基本概念和价值入手，逐步探讨幼儿园环境创设中的具体问题和解决方案。第一章概述了幼儿园环境创设的内涵与价值、目的与原则、典型案例与启示及发展趋势，强调了幼儿园环境创设对幼儿成长的重要性。第二章详细分析了基于幼儿视角的幼儿园环境创设的理论基础及幼儿园环境创设从成人视角向幼儿视角的转变。第三章围绕幼儿园班级活动区域的创设，探讨了不同区域的规划、材料选择与投放等具体内容。第四章重点介绍了幼儿园主题活动环境创设，包括从概述到具体实施步骤再到创新路径与案例，为教育工作者提供了系统化指导。第五章聚焦幼儿园户外环境的创设，包括场地的规划、设施的设置及挑战性运动环境的构建等。第六章提出了幼儿园环境创设的创新策略，强调了教师角色的转变、社区与家庭的参与、优秀传统文化的融入，以及乡土资源的利用等内容，力求从多方面提升幼儿园环境的整体质量。

　　本书不仅具有理论上的创新性，还结合丰富的实际案例和经验，为教育实践提供了切实可行的参考。通过深入探讨幼儿园环境创设中的各个环节，希望本书能够为教育工作者带来新的思考和启示，为他们在教育事业中的实践提供有力的指导和帮助。但由于时间、水平有限，书中难免存在不足之处，恳请广大读者批评指正，以便著者在未来的研究中不断完善和提高。

目　录

第一章　幼儿园环境创设概述

第一节　幼儿园环境创设的内涵与价值

一、幼儿园环境创设的内涵

幼儿园环境创设指的是教育工作者根据幼儿园教育的要求开展的设施建设，目的是通过对幼儿生活环境的改进，促进幼儿的全面发展，使他们在安全、愉快、充满探索和互动的氛围中成长。[1]幼儿园环境创设的"环境"不仅包括物理空间，还包括心理环境和社会环境。幼儿园环境创设不仅是空间布置，更是一种教育理念的体现，是教育工作者根据幼儿发展的特点和需求，有目的、有计划地进行环境设计和安排的过程。科学的幼儿园环境创设，有助于提升幼儿的审美能力，激发幼儿的求知欲。[2]幼儿园环境创设的内涵是多维度的，主要包括以下几个方面。

第一，物质环境创设。物质环境是环境创设的基础。物质环境创设

---

[1] 申芸，唐永菊．手工实用教程 [M]．重庆：重庆大学出版社，2015：142．
[2] 丁玉，王宁．谈幼儿园环境创设的价值失落与回归 [J].辽宁师专学报（社会科学版），2018(2)：107-108．

包括教室的布置、玩具和教具的选择和摆放、室内外活动场所的设置等。幼儿园的物质环境是幼儿教师与幼儿在园活动的物质条件和基础，影响着幼儿园教育质量。① 物质环境的创设应考虑到幼儿的年龄特点和发展需求。首先，物质环境的创设要考虑到环境的安全性和卫生性。幼儿的身心发育尚未成熟，自我保护能力较弱，因此需要确保所有设施、设备都符合安全标准，避免危险物品的存在。幼儿园的环境应保持卫生，定期消毒和清洁，确保幼儿的身体健康。其次，幼儿园的物质环境应具有趣味性和挑战性。幼儿处于探索和学习的关键期，对周围环境充满好奇心和探索欲望。为幼儿提供多样化的玩具，设置富有挑战性的活动区域，可以激发幼儿的兴趣，培养幼儿的动手能力，促进他们的认知发展。比如，可以在教室内设置阅读角、建构区、美工区等，在室外可以设置攀爬架、沙池、水池等，从而为幼儿提供更多探索和学习机会。

第二，心理环境创设。幼儿园的心理环境是指幼儿园对幼儿发展产生影响的各种心理因素的总和，主要包括教师的教育观念与行为、幼儿园人际关系、幼儿园文化氛围等。② 良好的心理环境应是尊重、理解、支持和鼓励幼儿的，能够让幼儿感到安全和被接纳，从而增强他们的自信心，促进他们独立性的发展。

在心理环境创设中，教师的态度起关键作用。教师应以积极、理解的态度对待每一个幼儿，尊重他们的个体差异，关注他们的个性化需求和情感波动。通过与幼儿建立良好的关系，教师能够增强幼儿的安全感和信任感，帮助他们加深自我认同、增强自信心。同伴关系也是心理环境的重要组成部分。幼儿在与同伴的互动中学习合作、分享和沟通，发展社会交往能力。教师可通过设计小组活动、合作游戏等方式，促进幼儿之间的互动和交流，帮助他们建立友好、互助的人际关系，培养他们的情感调控能力和社会交往能力。

① 邢琳，李爱娟，李丽萍. 幼儿园环境创设 [M]. 成都：电子科技大学出版社，2021：3.
② 贾金涛. 学前教育与课程教学研究 [M]. 哈尔滨：哈尔滨出版社，2022：54.

第三，社会环境创设。幼儿园的社会环境是指幼儿园环境中的社会关系和文化氛围。幼儿园不仅是教育场所，还是社会交往场所。通过社会环境创设，教师可以帮助幼儿了解和适应社会规范、学习与人合作和分享。在社会环境创设中，家长和社区的参与至关重要。幼儿园应通过各种途径和方式，积极与家长、社区建立联系，邀请家长、社区参与幼儿园的活动和管理。例如，定期召开家长会、组织亲子活动、开展社区联谊活动等，以加强幼儿园与家长、社区的联系和合作，为幼儿创造具有支持性的成长环境。幼儿园应注重营造积极、健康的文化氛围，通过设立班级规章制度、开展道德教育活动等，引导幼儿形成良好的行为习惯和道德观念。社会环境的创设有助于培养幼儿的社会责任感和合作精神。

第四，教育环境创设。教育环境指以教育目标为导向的环境创设，包括课程内容的设计、教育活动的安排、教育资源的利用等。教育环境应是开放的、多样的、灵活的，能够满足幼儿个性化的学习需求，激发他们的学习兴趣和潜能。

教师在教育环境创设中应注重提供丰富的教育资源和多样化的学习机会，鼓励幼儿自主探究和创造。教师应根据幼儿的年龄特点和发展需求，设计科学合理的课程内容，既要涵盖基础知识和技能的学习，又要注重幼儿兴趣的培养和个性的发展。例如，通过主题活动、项目学习等方式，激发幼儿的学习兴趣，培养他们的探究能力和创造力。教师还应根据幼儿的作息规律和兴趣特点，合理安排每天的教育活动，保证动静结合、劳逸结合。例如，在上午安排较为安静的阅读和绘画活动，下午安排户外游戏和体育活动，既满足幼儿的学习需求，又保证他们的身心健康。

二、幼儿园环境创设的价值

幼儿园环境创设具有重要的教育价值和社会价值。具体来说，主要体现在以下几个方面（图1-1）。

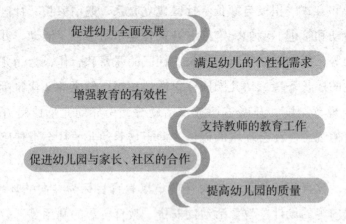

促进幼儿全面发展

满足幼儿的个性化需求

增强教育的有效性

支持教师的教育工作

促进幼儿园与家长、社区的合作

提高幼儿园的质量

图1-1　幼儿园环境创设的价值

（一）促进幼儿全面发展

幼儿园环境创设有利于激发幼儿内在的积极性，让幼儿得到情感体验和知识启迪，从而促进幼儿的全面发展。[①]科学合理的环境设计，能够为幼儿提供多样化的学习和探索机会，满足他们在认知、情感、社会性等方面的发展需求。

在认知发展方面，幼儿园环境创设通过提供丰富的视觉、听觉和触觉刺激，促进幼儿的感知觉发展和思维能力的提升。比如，通过设置不同主题的学习角，如科学探索角、艺术创作角等，幼儿可以在动手操作中学习新知识，培养观察能力、问题解决能力和创新思维。感官的多重刺激，不仅能增强幼儿的感知觉体验，还能促进他们逻辑思维和抽象思

---

① 盛晴. 传承经典 相伴成长：周浦欧风幼儿园传统文化特色活动成果集 [M]. 上海：文汇出版社，2023：203.

维的发展。环境中多样化的活动和材料提供了丰富的学习资源，幼儿可以通过实际操作和体验，进行探索和发现，从而提升其认知水平和能力。

在情感发展方面，温馨的幼儿园环境能够提供情感支持，促进幼儿的情绪稳定和心理健康。通过设置舒适的阅读区和休息区，幼儿可以感受到安全和得到心理上的放松，从而培养情感调节能力和自我调适能力。安全感是情感发展的基础，环境中的温馨氛围和情感支持能够帮助幼儿建立起安全感和信任感，促进其情感健康发展。比如，环境中的色彩搭配、装饰风格和软硬件设施的设置，都会对幼儿的情感产生影响，适宜的环境能够让幼儿感受到温暖和关爱，促进其情感的稳定和正向发展。

在社会性发展方面，幼儿园的环境创设应注重提供互动和合作机会，以提升幼儿的社会交往能力和合作能力。通过设置合作游戏区和团队活动区，幼儿能够在实际的社交情境中，学习如何与人相处、如何合作共事，这对其社会性发展的重要性不言而喻。通过与同伴的互动和交流，幼儿能够学会沟通、解决冲突、分享资源等基本的社交技能，从而提升社会交往能力，增强团队合作精神。

（二）满足幼儿的个性化需求

每个幼儿都是独特的，他们有不同的兴趣、爱好和发展需求。幼儿园环境创设应注重个性化，提供多样化的活动和资源，以满足不同幼儿的需求。一个开放、包容的环境，允许幼儿按照他们自己的节奏和方式进行学习和探索，尊重他们的个体差异，帮助他们发挥潜能。

幼儿园环境创设应注重多样化和灵活性，提供多种多样的活动和资源，为幼儿提供更多选择空间。设置不同类型的学习区和游戏区，如音乐区、角色扮演区、建构区等，能够使幼儿根据自己的兴趣和喜好选择活动内容，从而满足他们的个性化需求，激发他们的学习动机，促进他们的自主学习和全面发展。幼儿园环境创设还应注重幼儿的参与和自主性，为幼儿提供更多参与和决策机会。邀请幼儿参与环境布置和材料选择，让他们在过程中体验成就感和自我价值感，从而培养他们的自主意识和决策能力。通过尊重和支持幼儿的个体差异和发展需求，环境创设能够帮助幼儿更好地发挥潜能，促进他们的个性化发展和全面成长。

（三）增强教育的有效性

通过提供丰富的教育资源和多样化的学习机会，教师可以更好地实施教育计划，满足幼儿的学习需求。合理的环境创设还可以促进教师与幼儿之间的互动，提升教育活动的效果，助力教育目标的实现。

幼儿园环境创设应注重提供丰富的教育资源，以助力教师更好地开展教学的同时，幼儿能够在多样化的活动中学习新知识，培养他们的兴趣和能力。环境创设还应注重促进教师与幼儿之间的互动，提升教育活动的参与度和效果。通过开放、灵活的空间布局，教师能够更方便地观察和了解幼儿的需求和发展情况，提供更有针对性的指导和支持。整体而言，科学的环境创设，可以为教师提供一个更好的教育平台，更好地进行教育活动，从而提高教育质量和效果。

（四）支持教师的教育工作

环境创设不仅有利于幼儿的发展，还有利于教师教育工作的开展。科学合理的环境设计可以减轻教师的工作压力，提高他们的工作效率。因此，环境创设应注重便捷、灵活的空间布局，方便教师组织和开展教育活动。通过设置多功能的活动区和灵活的空间布局，教师能够根据不同的教育活动需要调整空间布局，提高教育活动的组织和实施效率。环境创设还应注重提供丰富的教育资源和支持，帮助教师更好地实施教育计划和活动。通过设置资源丰富的学习角和活动区，教师能够更方便地获取和利用教育资源，设计和实施多样化的教学活动。

良好的教育环境，不仅能够提高教师的工作效率，还能够提升教师的工作积极性和专业水平，最终提升教育质量，促进学生全面发展。

（五）促进幼儿园与家长、社区的合作

幼儿园环境创设还具有促进幼儿园与家长、社区合作的价值。开放、共享的环境，可以吸引家长和社区共同支持幼儿的发展。家长和社区的参与不仅可以为幼儿提供更多的资源和机会，还可以增强幼儿园与家长、社区之间的联系和合作，为幼儿创造一个更加全面和更具支持性的成长环境。

通过设置开放的活动区和共享空间，家长和社区能够更方便地参与幼儿园的活动和环境创设，共同支持幼儿的发展。

（六）提高幼儿园的质量

环境创设是幼儿园质量的重要体现。科学合理的环境创设，可以提高幼儿园的整体质量和竞争力，因为良好的环境不仅能够吸引更多的幼儿，还能够增强教师的工作积极性，提升幼儿园的教育水平和社会影响力。

幼儿园环境创设应遵循安全、舒适和富有教育价值的原则，让幼儿在环境中感受到安全和被关爱。幼儿园环境创设还应注重提供丰富的教育资源和支持，通过设置资源丰富的学习角和活动区，帮助教师更好地开展教育活动，提高幼儿园的教育水平。

第二节　幼儿园环境创设的主要目的与基本原则

一、幼儿园环境创设的主要目的

幼儿园环境不仅是幼儿学习的空间，还是幼儿生活的空间，归根结

底是为幼儿服务的，因此环境创设要牢牢把握住幼儿这个核心。[①]幼儿园环境创设的主要目的是通过科学合理的设计，为幼儿提供一个支持其全面发展的空间。具体来说，包括以下几个（图1-2）。

图1-2　幼儿园环境创设的主要目的

（一）为幼儿提供适宜的学习环境和生活环境

幼儿园环境创设的首要目的是为幼儿提供一个适宜的学习和生活环境。这意味着幼儿园环境应能够满足幼儿的基本需求，包括安全、健康和舒适。环境中的每一个细节都应考虑到幼儿的身心发展特点，确保他们在园内能够愉快、安全地学习和生活。

提供适宜的学习和生活环境需要综合考虑多个因素。首先，物理设施必须安全可靠，像教室内的桌椅等应按照幼儿的身高和活动需求设计，避免出现尖锐边角或过滑的地板。

其次，环境的温度、湿度和光线也是需要关注的方面。适宜的温度和湿度能够为幼儿提供一个舒适的学习和生活环境。光线的设计应考虑到幼儿的视觉健康，避免过强或过弱的光线对幼儿的眼睛造成伤害。

---

① 马云从.反思与重构：儿童文化视角下的幼儿园环境创设[D].呼和浩特：内蒙古师范大学，2020.

最后，幼儿的心理需求也应得到满足。一个温馨、愉快的环境能够让幼儿感受到被关爱和支持，从而增强他们的安全感和信任感。通过色彩的搭配、装饰品的选择，可以营造一个充满童趣和温暖的氛围。环境创设应注重细节，从每一个小的装饰到整体的布局，都应体现出对幼儿的关爱和重视，从而让他们在园内的每一天都能感受到幸福和快乐。

环境不仅是幼儿学习和生活的场所，更是他们成长的摇篮。在充满关爱的环境中，幼儿能够自由地探索和学习，发展自己的兴趣和爱好，培养自主学习能力。每一个细节的精心设计和布置，都能让幼儿感受到被尊重和关爱，从而助力他们身心的全面发展。

（二）激发幼儿的学习兴趣和好奇心

幼儿期是个体发展的关键时期。通过合理的环境设计，可以为幼儿提供丰富的学习和探索机会，激发他们的学习兴趣和好奇心。

幼儿园环境创设应注重多样性和趣味性，保障幼儿在自主探索中获得知识和技能。比如，科学探索区可以提供一些简单的实验设备和材料，让幼儿通过动手操作，了解科学现象和原理。艺术创作区可以提供各种绘画和手工材料，让幼儿在自由创作中培养艺术兴趣和创造力。角色扮演区可以提供一些常见的职业服装和道具，让幼儿通过模拟不同角色，了解社会生活和职业分工。通过创设这些区域，幼儿能够在玩耍中自然地学习和探索，从而培养他们的观察能力、问题解决能力和创新思维。环境中的每一个角落都应成为幼儿学习和探索的乐园，让他们在这里发现世界的奥秘，从而激发对学习的兴趣和对世界的好奇心。

（三）提升幼儿的社会交往能力和合作能力

幼儿园不仅是幼儿学习知识的地方，还是他们进行社会交往、发展社交能力的重要场所。科学合理的环境创设，可以为幼儿提供丰富的互动和合作机会，帮助他们学习和适应社会规范，培养良好的社会行为和团队精神。

考虑到幼儿的社交需求，在环境创设时，应设置专门的合作游戏区和团队活动区，鼓励幼儿参与合作游戏和集体活动。需要注意的是，合作游戏区和团队活动区的设计，应考虑到不同游戏和活动的特点。比如，合作游戏区的设计应包括各种需要多人参与的游戏和活动项目，如建构玩具、拼图游戏、角色扮演等。在这些活动中，幼儿需要与同伴合作，共同完成任务，从而培养他们的合作精神和团队意识。在合作的过程中，幼儿能够学会如何与人沟通、如何协调行动以及如何解决问题。这些社交技能和合作能力的培养，对他们日后的社会生活和工作都有重要意义。团队活动区的设计则应包括各种集体活动和运动项目，如团队游戏、体育活动、音乐和舞蹈表演等。在这些活动中，幼儿可以完成一些需要合作才能完成的任务，从而增强他们的团队精神和集体荣誉感。通过参与团队活动，幼儿能够感受到合作的力量和集体的温暖，从而学会尊重他人、帮助他人以及与他人合作共事。

教师在组织这些游戏和活动时，应注重引导和鼓励幼儿互相帮助、互相尊重。教师在集体活动中扮演着重要的引导者角色，需要通过自己的言行，向幼儿传递积极的社会价值观和行为准则。环境中的每一个细节都应考虑到幼儿的社会需求，以帮助他们在互动中学会合作、分享和尊重他人。例如，教室的座椅和桌子的布置，设置成便于交流和合作的形式，以满足幼儿之间的互动需求。对这些细节的设计，可以为幼儿提供更多的互动和合作机会，提升他们的社会交往能力，增强他们的合作精神。

（四）支持幼儿的个性化发展

幼儿园环境创设的一个重要目的是支持幼儿的个性化发展，尊重和满足他们的个体差异。为了实现这一目的，环境创设应注重提供多样化的活动和资源，以保障幼儿能够根据自己的兴趣和需求，自主选择活动内容和方式。

在实际操作中,幼儿园环境创设还需要综合考虑幼儿的年龄特点和发展阶段,为他们提供适宜的学习和生活环境。比如,音乐区应提供拉弦乐器、打击乐器、铜管乐器等各种乐器,以满足幼儿不同的兴趣爱好;美术区应提供油彩、石笔、炭笔、铁笔、不同尺寸的美术用纸等各种绘画工具和材料,为幼儿通过绘画和手工制作表达自己的创意和情感提供条件;建构区应提供积木等建构材料,促使幼儿通过动手操作培养空间想象力和创造力;角色扮演区应提供模拟不同角色的服装、道具等,以帮助幼儿了解不同职业分工,培养社会认知能力。在此过程中,家长和教师的参与与支持,不仅能够为幼儿创造一个安全、健康、充满关爱和支持的学习和生活环境,还能够增强幼儿园、教师与家长之间的联系和合作,共同支持幼儿的健康、全面发展。

二、幼儿园环境创设的基本原则

幼儿园环境创设需要遵循一些基本原则(图1-3),以确保环境设计的科学性和有效性。

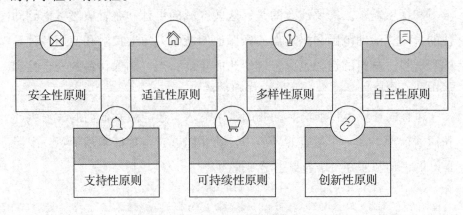

图 1-3 幼儿园环境创设的基本原则

11

（一）安全性原则

安全性原则是指幼儿园环境创设必须保障幼儿的生命安全、身心健康及与环境资源和谐相处互不伤害。[①]幼儿园的所有设施和材料都必须符合安全标准，确保幼儿在园内的安全。具体来说，所有家具、玩具和教具的设计和制作都应避免尖锐边角和有害材料，活动区域的地面应采用防滑设计。此外，定期对这些设施设备进行清洁和消毒，防止疾病传播。

在实际操作中，要选择符合幼儿身心特点的设施设备，避免使用尖锐或可能造成伤害的物品。幼儿园的安全性不仅体现在物理设施上，还体现在心理和情感安全上。教师和工作人员应帮助幼儿建立起对环境的信任。心理和情感安全能够帮助幼儿更好地适应环境，更愿意在这里学习和生活，从而增强他们的归属感。

（二）适宜性原则

环境创设应为幼儿提供适宜的学习和生活空间。具体来说，环境的空间布局应根据幼儿的活动需求进行合理安排，设置不同的活动区域和空间，如科学探索区、艺术创作区、角色扮演区等，满足幼儿多样化的学习和探索需求。需要注意的是，这些区域的设计和布置应当考虑到幼儿的身高、活动范围和兴趣点，确保他们能够方便地接触和使用各种设施和材料。材料的选择也应符合幼儿的年龄特点，确保材料的安全性和适用性、多样性，激发幼儿的兴趣和创造力。

适宜的环境不仅能满足幼儿的基本需求，还能激发他们的学习兴趣和探索欲望。在一个适宜的环境中，幼儿能够自由地探索和学习，发展自己的兴趣和爱好，培养自主学习能力。

---

① 邢琳，李爱娟，李丽萍. 幼儿园环境创设 [M]. 成都：电子科技大学出版社，2021：10.

（三）多样性原则

多样性原则在环境创设中具有重要意义。通过提供多样化的活动和资源，可以满足不同幼儿的兴趣和需求，激发他们的学习兴趣。例如，科学探索区可以提供各种实验材料和设备，让幼儿通过动手操作，了解科学现象和原理；艺术创作区可以提供丰富的绘画和手工材料，让幼儿在自由创作中培养艺术兴趣和创造力；建构区可以提供各种建构玩具和工具，让幼儿通过动手操作，培养他们的空间想象力和创造力。

（四）自主性原则

环境创设应注重培养幼儿的自主性，为幼儿提供自主选择和安排活动的机会。具体来说，创设的环境应允许幼儿根据他们自己的兴趣和需求选择活动内容和方式，安排活动时间和节奏，从而培养他们的自主意识和决策能力。此外，教师在组织活动时应注重引导和鼓励幼儿积极参与，并通过观察和了解幼儿的需求，及时提供支持和反馈，帮助幼儿更好地学习和发展。

（五）支持性原则

环境创设应帮助幼儿在学习和活动中获得支持和帮助。教师在环境创设中扮演支持者和引导者的角色，通过观察幼儿的表现，为他们提供及时帮助和支持。合作游戏区和团队活动区的设置，应以促进幼儿之间的互动与合作、鼓励幼儿在活动中互相帮助、增强他们的合作精神和团队意识为目的。一个支持性的环境能够帮助幼儿在学习和活动中获得更多的支持和帮助，促进他们的全面发展。

（六）可持续性原则

可持续性原则强调环境创设的长远规划和持续发展。具体来说，在创设环境时，应合理利用资源，避免浪费和过度消耗，选择耐用和可再生的材料，减少对环境的负面影响，从而创造一个绿色、健康的学习和生活空间。此外，环境创设应是一个持续改进的过程，根据幼儿的发展和需求不断进行调整和优化，并通过定期评估和反馈，不断改进环境设计，提升环境质量和效益。

（七）创新性原则

创新性原则要求环境创设应不断探索和尝试新的设计理念和方法，提升环境的教育价值和吸引力，激发幼儿的学习兴趣和积极性。比如，通过引入先进的教育理念和方法，探索新的环境设计思路。又如，利用现代科技手段，提升环境的智能化和互动性，如通过引入智能教具和互动设备，为幼儿提供更加丰富和有趣的学习体验。创新性原则还要求在环境创设中注重文化融合，尤其是本土文化和国际元素，从而丰富环境的文化内涵，培养幼儿的文化素养和国际视野。

第三节　国外幼儿园环境创设的典型案例与启示

幼儿园环境创设不仅是教育活动的重要组成部分，还是影响幼儿身心发展的关键因素。通过对国外幼儿园环境创设典型案例的分析，可以为我国幼儿园的环境创设提供一定的启示。

一、国外幼儿园环境创设的典型案例分析

（一）北欧的森林幼儿园

森林幼儿园主要创办于北欧国家，开始于 20 世纪 50 年代的丹麦，20 世纪 80 年代发展成为丹麦早期教育方案的有机组成部分，至 20 世纪 90 年代中期，森林幼儿园的模式传入德国、英国等国家，并得到迅速发

展。①森林幼儿园通常位于自然环境优美的地方，孩子们的大部分时间在户外度过，如他们在森林中玩耍、学习，探索自然界的奥秘。森林幼儿园的设计理念强调自然教育，通过让孩子们接触自然，增强他们的观察能力和探索精神。这种环境创设不仅有利于增强孩子的体质，还有利于培养他们的环境保护意识。

1.自然环境与儿童发展的结合

森林幼儿园注重自然环境与儿童发展的紧密结合。在森林幼儿园里，孩子们每天都会进行各种户外活动，如爬树、建造小屋、观察昆虫、捡拾落叶等。这些活动不仅锻炼了他们的身体，还激发了他们对自然的兴趣和好奇心。例如，通过捡拾和分类落叶，孩子可以学习树木的种类和生长规律等知识；通过观察昆虫，孩子们可以了解昆虫的生活习性和生态环境。这种通过亲身体验获得的知识，远比课堂上的书本知识更为深刻。

2.儿童自主性与独立性的培养

森林幼儿园特别重视孩子们自主性和独立性的发展。在这里，孩子们能自由选择自己感兴趣的活动，而不只是被动接受教师的安排。教师在活动中更多扮演观察者和支持者的角色，他们会根据孩子们的兴趣和需要，提供适当的指导和帮助。例如，当孩子们建造小屋时，教师会提供必要的工具和材料，但不会干预孩子们的创作过程。这不仅有助于增强孩子们的动手能力和创造力，还有助于增强他们的自信心和问题解决能力。在户外活动中，教师会引导孩子们关注和思考环境问题，如垃圾分类、节约用水、保护植物等。通过参与这些实践活动，孩子们能逐渐形成环保意识和习惯。尽管孩子们大部分时间在户外活动，但教师和家长并不担心他们的安全问题。首先，森林幼儿园选择的活动场地通常是相对安全的自然环境，如树林、公园、农场等，这些地方远离城市的喧

---

① 王海澜.学前教育学[M].上海：上海交通大学出版社，2013：83.

器，为孩子们提供了一个安静、清洁的活动空间。其次，教师在活动前会对孩子们进行必要的安全教育，包括如何正确使用工具、如何避开危险动植物等。

森林幼儿园的成功经验不仅得到了家长和社会的认可，还引起了教育界的广泛关注和研究。一些教育专家认为，森林幼儿园的教育模式有助于提升孩子们的综合素质，如身体素质、心理素质、社会适应能力等。特别是在当今信息化、城市化的背景下，孩子更多被限制在室内活动，缺乏与自然接触的机会，身心健康受到一定程度的影响。而森林幼儿园的教育模式，为孩子们提供了一个回归自然、亲近自然的机会，有助于缓解他们的压力和焦虑，促进他们身心健康发展。

（二）意大利的瑞吉欧·艾米利亚教育体系

瑞吉欧·艾米利亚教育体系的起源可以追溯到第二次世界大战后的意大利，当时，很多父母希望为他们的孩子提供一种新的教育方式，以摆脱传统教育的束缚。瑞吉欧·艾米利亚人经过长时间的探索，结合意大利传统文化，尝试运用了很多理论，如皮亚杰和维果茨基等心理学家的建构心理学理论，杜威、布鲁纳、克伯屈等的教育理论，从而形成了一个由特殊的、具有创新性的教育哲学、教育理念、管理方法以及环境设计方法构成的有机整体，即瑞吉欧·艾米利亚教育体系。[①]

1.环境被视为"第三位老师"

在瑞吉欧·艾米利亚教育体系中，环境被视为"第三位老师"，这意味着环境不仅是学习的场所，更是促进学习和发展的积极因素。因此，幼儿园的环境设计非常注重细节，每一个角落都充满了教育意义。例如，教室的墙壁上挂满了孩子们的艺术作品，以展示他们的创作过程和成果，这能有效增强孩子们的自信心和成就感。教室内设置多个不同的活动区，

---

① 段向琼. 高校学前教育专业教学与人才培养模式探索与实践[M]. 北京：北京工业大学出版社，2020：92.

如艺术区、阅读区、科学实验区等。每个区域都配备丰富的材料和工具，孩子们可以根据自己的兴趣选择活动和实验。这样的设计能够鼓励孩子们自主选择和独立探索，从而培养他们的自主性和创造力。

2.教师的角色与记录、反思

在瑞吉欧·艾米利亚教育体系中，教师被视为孩子们的共同学习者和引导者，而不是传统意义上的知识传授者。教师的主要任务是观察孩子们的兴趣和需求，以便提供适当的支持和引导。瑞吉欧·艾米利亚教育体系还强调记录、反思。教师会详细记录孩子们的活动过程和成果，并定期进行反思和讨论。这有助于为家长和社区提供有关孩子们的丰富信息。家长和社区的参与是瑞吉欧·艾米利亚教育体系的重要组成部分。幼儿园与家长和社区保持紧密联系，定期举办各种活动，如家长开放日、社区展示会等，不仅能加深家长和社区对幼儿园的了解，还能为孩子们提供更多的社会交往和学习机会。例如，在社区展示会上，孩子们可以展示他们的作品和项目，与家长和社区成员分享他们的学习经历和成果。这不仅能增强孩子们的自信心和成就感，还能促进他们的社会性发展。

（三）日本的文化融合幼儿园

日本的文化融合幼儿园将文化教育与日常生活紧密结合，通过传统节日的庆祝、文化活动的开展，为孩子们从小感受日本传统文化的魅力提供了条件。同时，现代化的教育设施和方法使得教学更加生动有趣。

1.文化教育与日常生活的融合

日本的幼儿园在设计上往往采用和式建筑风格，建筑物的外观和内部装饰充满日本传统元素。例如，使用木质结构、纸糊门窗、榻榻米等设计元素。幼儿园的庭院通常布置得像一个迷你花园，有小桥流水、石灯笼和樱花树，孩子们可以在其中玩耍和学习，感受浓厚的文化氛围。日本幼儿园每年举行的节日庆祝活动，是孩子们体验和学习传统文化的重要途径。在这些活动中，孩子们穿着传统服饰，参与传统游戏和手工制作，学习节日的来历和意义。这些活动不仅丰富了孩子们的文化知识，还增强了他们的文化认同感和自豪感。日本的幼儿园非常重视孩子们社会交往能力的培养。通过各种集体活动和游戏，孩子们学习如何与他人合作、分享和沟通。例如，在体育活动中，孩子们需要分组进行比赛，通过合作与竞争，理解团队合作的重要性。在日常教学中，教师会组织孩子们进行小组活动，如共同完成一幅画、一起搭建一个模型等。通过这些活动，孩子们的社交能力得到很好的锻炼和提升。

2. 教师的引导与支持

日本幼儿园的教师在教育过程中起到关键作用。他们不仅是知识的传授者，更是孩子们的引导者和支持者。在课堂上，教师会通过提问和讨论的方法，引导孩子们思考和表达他们的观点。在游戏和活动中，教师会提供适当的帮助和建议，同时会尊重孩子们的自主选择和独立思考。这样的教学方式，不仅能激发孩子们的学习兴趣，还能培养他们的自主性和创造力。

（四）德国的华德福幼儿园

华德福教育起源于德国，强调通过艺术、手工和自然教育促进儿童的全面发展。华德福幼儿园的环境创设注重温暖、自然的感觉，强调用天然材料和柔和的色调，创造出一个温馨、安全的环境。教学内容包括大量的艺术活动、手工制作、音乐和戏剧，以培养孩子们的创造力、想象力和社会技能。华德福教育由鲁道夫·斯坦纳（Rudolf Steiner）创立。

1. 环境设计与自然教育

斯坦纳强调教育应尊重儿童的天性和个性，从而促进儿童身心的全面发展。在这一理念的指导下，华德福幼儿园的环境创设尤其注重自然与和谐。幼儿园的建筑物用料和室内装饰采用大量的天然材料，如木材、石头、棉布等，这些材料不仅环保，而且能够给孩子们带来温暖、舒适的感觉。教室的墙壁通常刷成柔和的淡黄色、粉红色，这些色调能够营造出一种宁静、温馨的氛围。此外，教室里还会摆放各种植物和手工制作的装饰品，这些元素不仅美化了环境，还能激发孩子们的审美情趣和创造力。

2. 强调艺术与手工活动的重要性

在华德福幼儿园，艺术与手工活动占据了重要地位。孩子们每天都会进行绘画、手工制作、音乐和戏剧等活动，从而锻炼动手能力，培养艺术感受力和表达能力。例如，在绘画活动中，孩子们可以自由选择颜色和画题，通过自己的想象力创作各种各样的作品；在手工制作活动中，孩子们可以用各种天然材料，如木头、石头、贝壳等，制作各种富有创意的工艺品。除此之外，华德福幼儿园还非常重视音乐教育。通过音乐活动，如唱歌、演奏乐器等，孩子们能够学习节奏、音高和旋律等基本音乐知识，同时能够培养他们的团队合作精神和协调能力。戏剧也是华德福幼儿园的一项重要活动。在戏剧活动中，孩子们会扮演各种角色，通过表演故事和情景剧，锻炼他们的表达能力和想象力。这些戏剧活动通常与节日和季节性庆祝活动相结合。例如，在圣诞节期间，孩子们会表演圣诞故事；在春天，孩子们会表演关于自然和动植物的剧目。这些活动不仅丰富了孩子们的文化生活，还增强了他们对传统文化和大自然的热爱。

3. 教师的引导与支持

在华德福幼儿园，教师不仅是知识的传授者，还是孩子们的引导者和支持者。在日常活动中，教师会通过观察了解每个孩子的兴趣和需求，并根据这些信息，设计适合他们的活动和任务。通过这种方式，教师既能尊重孩子们的自主权和个性发展，还能帮助孩子们实现他们的目标。华德福幼儿园还注重培养孩子们的环境保护意识。例如，在户外活动中，教师会引导孩子们参与种植和照顾植物的活动，了解植物的生长过程，理解生态环境的重要性。这些活动不仅能增强孩子们的环保意识，还能培养他们的责任感。

二、对我国幼儿园环境创设的启示

在全球幼儿教育的发展过程中，不同国家在幼儿园环境创设方面积累了丰富的经验和独特的做法，其中一些成功案例为我国幼儿园的环境创设提供了一定启示（图1-4）。

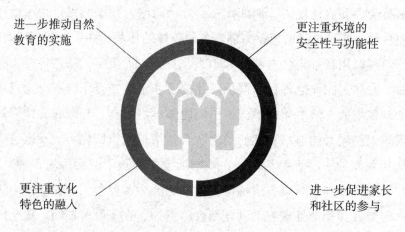

图1-4　对我国幼儿园环境创设的启示

（一）进一步推动自然教育的实施

所谓自然教育，即一种对人们通过特殊方式而体验自然万物的教育方式。自然教育会助力体验者释放潜在的能量，在自立、自信、自强、自理等方面达到综合素养提升的目的，从而帮助体验者树立优质的人生观、价值观。[①]针对我国幼儿园的环境创设，则是增加更多的自然元素，

---

① 熊志刚，屈红芳. 全国幼儿教师优秀教科研成果集：第2辑[M]. 天津：天津大学出版社，2022：307.

如在幼儿园的户外区域设置小花园和菜园，让孩子们亲手种植和照顾植物，观察植物的生长过程，了解植物的特点和作用。这不仅能够培养孩子们的动手能力和观察力，还能让他们在实践中学习和体验，增强他们的环保意识和责任感。幼儿园还可以设置小型探险区，如设置森林、草地、山丘等自然环境中的各种地形和生态，让孩子们在不同的环境中进行探险活动，观察和了解不同的动植物，学习自然界的奥秘。这种探险活动不仅能够激发孩子们的好奇心和探索精神，还能锻炼他们的体力和意志力，提高他们的团队合作能力和社交能力。

自然教育不限于户外活动，也可以在日常教学中进行。例如，教师可以带领孩子们进行昆虫观察，让他们了解昆虫的种类、生活习性和生态环境；还可以组织孩子们照料幼儿园的小动物，如小兔子、小鸡等，他们在照料的过程中学会关爱动物、尊重生命。这些活动不仅能够丰富孩子们的知识和经验，还能培养他们的爱心和责任感。幼儿园还可以定期组织自然课堂，邀请植物学家、动物学家或环保专家来到幼儿园，为孩子们讲解植物、动物和环境保护的相关知识，并带领他们进行实地考察和实践活动。自然课堂不仅能够丰富孩子们的科学知识，增强他们的探究能力，还能激发他们对大自然的兴趣和热爱，培养他们的环保意识和责任感。自然教育还可以通过各种游戏和活动进行。例如，组织孩子们进行自然主题的游戏和比赛，如植物识别比赛、昆虫捉迷藏、自然寻宝等，让孩子们在游戏中学习和体验，或者可以组织孩子们进行自然手工制作，如利用树叶、花瓣、石头等自然材料制作工艺品，培养他们的动手能力和创造力，同时增强他们对自然的感知。

在实施自然教育的过程中，教师需要在不影响孩子们的观察过程以及想象力、创造力发挥的前提下，提供适当的技术指导和材料建议。

（二）更注重环境的安全性与功能性

我国幼儿园的环境创设应更注重安全性和多功能性设计，通过更合理的空间布局和完善的设备配置，为幼儿提供一个既安全又富有变化的学习和活动场所。

幼儿年龄较小，自我保护能力较弱，因此，环境的安全性直接关系到他们的健康。幼儿园的装修应优先选用环保、安全的材料，避免因材料问题对孩子们的健康造成影响。此外，所有的设施设备都应符合国家和行业的安全标准，如家具应无尖锐边角，电源插座应有保护装置，地面应防滑，等等。定期检查和维护设施设备也是保障安全的重要措施。专业人员的定期检查和及时维护，可以有效消除安全隐患，确保环境的长期安全。安全性还体现在对细节的关注上。例如，教室和活动区的地面通常铺设软质材料，以降低孩子们摔倒受伤的风险；门窗设计有安全锁，以防止孩子们意外打开发生意外；教具和玩具都经过严格检测，确保无毒无害且适合幼儿使用。这些细节设计能够为孩子们提供一个更加安全的学习和活动环境。

幼儿园不仅是孩子们学习知识的场所，还是他们进行各种活动、发展多方面能力的场所。因此，环境的多功能性设计至关重要。通过灵活的空间布局和多样化的活动安排，可以满足孩子们多方面的学习和发展需求。多功能性可以通过设计可移动的家具和灵活的空间布局来实现。例如，教室内可以配备一些轻便、可移动的桌椅和储物柜，这样，空间布局可以根据需要随时调整：当需要进行集体活动时，可以迅速将教室变成一个宽敞的活动场所；当需要进行小组学习时，可以将桌椅排列成适合小组学习的形式，方便孩子们合作交流。此外，还可以设计一些多功能的活动区域，如游戏区、阅读区、艺术创作区等，这些区域可以根据教学需要进行调整和变换。这种多功能的设计不仅能丰富孩子们的活动内容，还能促进他们在不同领域的发展。

（三）更注重文化特色的融入

幼儿园环境创设应注重文化特色的融入。我国的幼儿园可以通过将中式建筑风格、装饰元素等融入环境创设中，让孩子们在潜移默化中接受文化熏陶。这不仅能够丰富孩子们的文化知识，提升他们的文化素养，还能增强他们的文化认同感和自豪感。

文化特色的融入可以通过多种形式实现。首先，通过幼儿园的建筑风格和内部装饰，充分体现中华传统文化的元素。具体来讲，在建筑风格上，可以使用具有中国古典特色的建筑设计，如飞檐、斗拱等，从而使幼儿园整体风格具有浓郁的传统文化气息。在内部装饰上，可以使用剪纸、书法、国画等传统艺术品作为装饰品，不仅能美化环境，还能让孩子们在日常生活中感受传统文化的魅力。其次，通过开展丰富多彩的文化活动，将传统文化融入孩子们的日常生活。具体来讲，在传统节日，如端午节、中秋节等，举办相应节日活动。在这些活动中，孩子们可以穿上传统服饰，参与传统游戏和手工制作，品尝传统美食，学习节日的来历和意义。这些活动不仅能丰富孩子们的生活体验，还能增强他们的文化认同感。最后，通过讲述传统故事和开展传统手工艺制作活动，让孩子们在实践中感受中华传统文化的魅力。具体来讲，教师可以定期为孩子们讲述《西游记》《红楼梦》等经典文学作品中的故事，激发孩子们的阅读兴趣和文化认同感；还可以定期组织孩子们进行剪纸、泥塑、刺绣等传统手工艺活动，让他们在亲手制作的过程中了解和传承传统技艺。

幼儿园课程也可以融入中华传统文化的内容。例如，美术课教师可以教孩子们绘制中国画，学习水墨画技法；音乐课教师可以教孩子们演唱传统民歌，学习民族乐器的演奏；体育课教师可以教孩子们练习太极拳、武术等传统体育项目。这些课程内容不仅能丰富孩子们的知识，提高他们的技能，还能增强他们对传统文化的兴趣和热爱。教师还可以组织孩子们参观博物馆、文化遗址等，使孩子们亲身体验和了解传统文化的历史和发展。

（四）进一步促进家庭和社区的参与

进一步促进家长和社区的参与这一点对我国幼儿园具有重要的借鉴意义。通过举办亲子活动、社区联欢会等方式，将家长和社区资源整合到幼儿园教育中，不仅可以促进幼儿的社会性发展，还可以增进家长和社区对幼儿园的支持与认可，有助于形成教育合力，促进幼儿的全面发展。

家长和社区的参与可以通过多种途径实现。首先，通过定期举办家长开放日和亲子游戏日等活动，进一步增进家长和幼儿园及亲子关系。家长开放日使家长有机会参观孩子们的学习和生活环境，了解幼儿园的教育理念和方法。亲子游戏日则通过各种有趣的活动，增进亲子关系。其次，通过邀请社区专家或志愿者来园讲课，组织社区参观活动，可以增进幼儿对社区的了解。例如，邀请医生、消防员、警察等来园为孩子们讲解职业知识和安全常识，让孩子们了解不同职业的社会角色和责任。又如，组织孩子们参观社区中的重要场所，如博物馆、图书馆、消防局等，让他们了解社区的历史和文化，增强他们的社区意识和责任感。最后，通过建立家长委员会，鼓励家长参与幼儿园的管理和决策。家长委员会可以定期召开会议，讨论幼儿园的重大事务和活动安排，收集和反映家长的意见和建议，协助幼儿园改进和完善各项工作。这不仅能增强家长对幼儿园的信任，还能促进家长与教师之间的沟通和合作，从而形成良好的教育生态。

在节日和庆典活动时，幼儿园可以邀请家长和社区成员共同参与。例如，在端午节、中秋节等传统节日，可以组织家庭联欢会，家长和孩子们一起表演节目、制作传统食品、参加游戏和比赛，共同庆祝节日。这些活动不仅丰富了孩子们的节日体验，还增强了家长和社区的凝聚力和参与感。幼儿园还可以定期举办社区服务活动，让孩子们在实践中体验和学习。例如，组织孩子们探访敬老院，为老人们表演节目，送上手工制作的礼物，培养孩子们的爱心和社会责任感；或者组织孩子们参加社区环保活动，如捡垃圾、种树等，增强他们的环保意识和团队合作精神。

第四节　幼儿园环境创设的发展趋势

随着社会的发展和教育理念的不断更新，幼儿园环境创设的趋势也在不断演变。未来，幼儿园环境创设将更加注重以下几个方面（图1-5），以满足幼儿发展需求。

图1-5　幼儿园环境创设的发展趋势

一、智能化和数字化

随着信息技术的飞速发展，智能设备和数字化工具，如智能教室、互动白板、平板电脑等，将被越来越多地应用于幼儿园的环境创设中，以为孩子们提供更加便捷和丰富的学习资源。通过这些智能设备，教师能够更有效地教学，孩子们能够通过更多的互动和游戏，提高他们的学习兴趣和效果。

智能教室配备了各种高科技设备，如互动白板、触摸屏电视、平板电脑等。这些设备不仅能使教学内容更加生动、直观，还能通过多媒体手段激发孩子们的学习兴趣。例如，教师可以利用互动白板展示动画、视频和图片，帮助孩子们更好地理解和记忆知识点。孩子们可以通过触摸屏和平板电脑进行互动和操作，参与教学过程，增强学习的积极性和主动性。通过智能设备和软件，教师可以根据每个孩子的学习进度和兴趣，制订个性化的教学计划。例如，学习软件可以根据孩子们的表现，自动调整难度和内容，提供适合他们的练习和游戏。这种个性化的学习方式不仅提高学习效果，还能让孩子们更好地感受到学习的乐趣和成就感。

智能化和数字化不仅能提升教学效果，还能改善幼儿园的管理，增进幼儿园的安全。智能监控系统是保证幼儿园安全的重要手段。通过在幼儿园内外安装摄像头，管理人员可以实时监控孩子们的活动情况，及时发现和消除安全隐患。例如，当孩子们在操场上玩耍时，智能监控系统可以帮助教师和保安人员及时发现潜在的危险，从而迅速采取措施，避免事故的发生。数字化管理系统则能极大地提高幼儿园的日常管理效率。考勤系统是数字化管理的重要组成部分。智能卡或面部识别技术可以自动记录和统计孩子们和教职员工的出勤情况，家长可以通过手机应用程序实时了解孩子们的到校和离校情况。这不仅简化了传统的人工考勤流程，还增强了家长对幼儿园的信任感。

通过建立数字化沟通平台，教师和家长可以随时交流孩子们的学习和生活情况。教师可以通过应用程序或在线平台，向家长发送孩子们的学习报告、活动照片和视频，家长则可以及时反馈意见和建议。这种高效便捷的沟通方式，不仅能增进家校之间的互动和信任，还能帮助家长更好地了解和参与孩子们的成长过程。数字化管理系统可以自动生成和更新每周的活动计划，并通过应用程序或电子邮件通知家长和教职员工。这样，家长可以提前了解孩子们的活动安排，做好相应的准备，教职员工可以更好地协调和执行活动计划。通过智能设备和软件，幼儿园可以收集孩子们在学习和活动中的各种数据，如学习成绩、行为表现、健康状况等。这些数据可以帮助教师更全面、准确地了解孩子们的成长和发展，及时发现和解决问题。例如，通过分析孩子们的学习数据，教师可以识别孩子们的薄弱环节，从而有针对性地进行辅导。通过监测孩子们的健康数据，幼儿园可以及早发现潜在的健康问题，采取预防措施，保障孩子们的健康和安全。通过建立数字化平台，幼儿园可以分享教育资源、教学经验和管理经验。这样，不同幼儿园可以通过在线平台，共享教学视频、课件和教案，互相学习和借鉴优秀的教育实践。教师可以通过线上论坛和研讨会，交流教学心得和管理经验，提升专业水平和教学质量。

二、生态化和绿色化

随着人们环保意识的普遍增强，越来越多的幼儿园将采用生态化和绿色化的设计理念。例如，使用环保材料进行装修，建设绿色屋顶和垂直绿化，设置雨水收集和再利用系统等。这些生态设计不仅能够提供一个健康环保的学习环境，还能培养并增强孩子们的环保意识。

环保材料不仅对环境友好，而且对孩子们的健康无害。因此，地板和墙面应选用天然木材、竹材或环保涂料。这些材料不仅美观、耐用，还能避免有害化学物质的释放。通过在建筑顶部种植植物，不仅可以美化环境，还能起到隔热保温、减少雨水径流、改善空气质量等作用。垂直绿化则通过在建筑立面种植植物，增加绿化面积，美化建筑外观，同时起到降温、隔音的效果。通过在幼儿园建筑和户外场地安装雨水收集系统，可以有效利用雨水资源，减少自来水的使用。例如，收集的雨水可以用于浇灌花园、冲洗厕所等。这不仅节约了水资源，还培养了孩子们的节水意识和环保责任感。幼儿园还可以通过设置小型农场、花园和自然观察区，为孩子们提供更多亲近自然、了解生态系统的机会。在小型农场中，孩子们可以参与蔬菜、水果和花卉的种植和日常照料，学习植物的生长过程和农业知识。花园可以种植各种花卉和观赏植物，为孩子们提供一个美丽的户外活动空间。自然观察区可以设置昆虫酒店、鸟巢、池塘等，让孩子们观察和了解不同的动物，学习生态系统的运作。

生态化和绿色化不仅可以在物理环境的建设有所体现，还可以通过教育活动进行体现。例如，教师可以组织孩子们进行垃圾分类、回收利用等实践活动，使孩子们了解垃圾分类和回收利用的重要性。教师还可以领孩子们开展环保手工制作活动，利用废旧材料制作工艺品，培养孩子们的创造力和环保意识。这些活动不仅能丰富孩子们的知识，还能增强他们的环保意识和社会责任感。

三、多元文化融合

在全球化背景下，幼儿园需要为孩子们提供一个多元文化的学习环境，帮助他们尊重和理解不同文化，从而培养他们的全球视野和跨文化交流能力。通过融入多元文化元素，幼儿园不仅能丰富教育内容，还能提升孩子们的文化素养和社会适应能力。

多元文化融合可以通过在室内装饰、教室布置上展示不同国家和民族的文化特色来实现。例如，在室内装饰上，可以在幼儿园的走廊和文化墙、黑板报上展示世界各国的风景照片和传统艺术作品，通过视觉元素让孩子们感受不同文化的多样性和丰富性。在教室布置上，可以设置多元文化角，陈列各国具有代表性的乐器、服饰和手工艺品，供孩子们自由探索和使用。这样不仅能让孩子们在游戏中体验不同文化的魅力，还能激发他们对多元文化的兴趣和好奇心，增强他们的文化认同感和包容性。

多元文化教育不仅可以体现在环境设计上，还可以在课程设置中得到充分体现。幼儿园可以通过开设多元文化课程，帮助孩子们系统地了解和学习不同文化的知识和习俗。例如，可以设置世界文化主题月，每个月选择一个国家或地区，开展相关的文化活动和课程，让孩子们深入了解该文化的历史、传统和风俗。

在语言课程中，引入多种语言的基础教学。例如，可以通过游戏和歌曲，教孩子们学习简单的问候语、歌曲和童谣等，帮助他们掌握基本的语言交流技巧，同时激发他们对语言学习的兴趣。在美术和音乐课程中，可以引入不同国家的传统艺术形式和音乐，让孩子们在创作和表演中体验多元文化的魅力。

多元文化融合还可以通过校外实践活动实现。例如，幼儿园可以与当地的文化机构、博物馆和图书馆合作，组织孩子们参观和学习，了解不同文化的历史和艺术。幼儿园可以带孩子们参观当地的民族博物馆，了解不同少数民族的文化和传统，或者参观国际文化展览，了解世界各地的文化艺术。这些活动可以为孩子们提供更加丰富多样的文化体验，提升他们的文化素养，开阔他们的视野。

四、个性化和定制化

每个孩子都是独特的个体，有着不同的兴趣、需求和发展特点。因此，个性化和定制化将成为幼儿园环境创设的发展趋势之一。

（一）个性化学习环境的设计

个性化学习环境的设计要求幼儿园根据孩子们的兴趣和需求，设计多样化的学习和活动区域，同时提供丰富的教育资源。例如，在教室内设置不同的活动区域，如艺术创作区、科学实验区、阅读区、建构区等，允许孩子们根据他们自己的兴趣选择活动和学习内容。

在艺术创作区，孩子们可以自由地进行绘画、手工制作和泥塑等艺术活动，培养他们的创造力和动手能力。在科学实验区，孩子们可以进行简单的科学实验和探索活动，激发他们的好奇心和探究精神。在阅读角，孩子们可以选择他们喜欢的图书进行阅读，提升他们的语言能力和阅读兴趣。在建构区，孩子们可以使用积木和其他建构材料进行搭建活动，培养他们的空间想象力和合作能力。幼儿园还可以通过设计灵活的空间布局，提供个性化的学习环境。例如，可以使用可移动的家具和隔断，根据需要调整教室的空间布局，使教室能够从一个游戏区转变为一个学习区，以满足不同的教学需求。这种灵活的空间设计不仅提高了空间的利用率，还为孩子们提供了一个更加个性化的学习环境。

（二）个性化教育计划的制订

幼儿园可以通过观察、家长访谈和孩子们的自我表达，了解每个孩子的兴趣和需求，并根据这些信息制订个性化的教育计划。

在个性化教育计划中，教师应根据孩子们的兴趣和需求，设计适合他们的学习活动和任务。例如，对于对音乐感兴趣的孩子，教师应为他们提供更多的音乐活动和机会，如音乐欣赏、乐器演奏和歌曲创作等。对于对科学探索感兴趣的孩子，教师应为他们提供更多的科学实验和探究活动，如观察昆虫、进行简单的科学实验等。通过实施个性化的教育计划，教师可以帮助每个孩子在他们感兴趣的领域获得更好的发展。

（三）个性化教育资源的提供

在图书资源方面，幼儿园可以根据孩子们的年龄和兴趣，提供适合们的图书和阅读材料。具体来讲，可以为小班的孩子提供色彩鲜艳、图文并茂的绘本，为中班和大班的孩子提供内容丰富、知识性强的故事书和科普读物。在教具和玩具方面，幼儿园可以根据孩子们的兴趣和需求，提供多样化的教具和玩具，如积木、拼图、科学实验套装等，让孩子们在游戏和实践操作中学习和成长。幼儿园还可以通过平板电脑和学习软件，为孩子们提供个性化的学习内容和任务，帮助他们根据自己的学习进度和兴趣进行学习。通过提供这些个性化的教育资源，幼儿园可以为孩子们提供更加丰富和多样化的学习体验，满足他们的个性化需求。

（四）个性化教师指导和支持

在个性化教师指导和支持中，教师应通过观察和交流互动，了解每个孩子的兴趣和需求，从而及时给予他们适当的指导和支持。例如，当孩子们进行艺术创作时，教师可以根据他们的创作过程和作品，提供一些技术建议和材料选择的指导，但不会干预他们的创作过程，而是让他们自由发挥自己的想象力和创造力。当孩子们进行科学实验时，教师可以根据他们的实验过程和结果，提供一些实验技巧方面的指导，帮助他们更好地理解和掌握科学知识。教师还应通过个性化的教学方法和策略，满足孩子们的个性化需求。对于学习进度较快的孩子，教师可以提供一些挑战性较高的任务和活动，帮助他们进一步提升学习能力和水平；对于学习进度较慢的孩子，教师可以提供一些基础性较强的任务和活动，帮助他们巩固和掌握基础知识和技能。个性化的教师指导和支持可以为每个孩子提供适合他们的学习和发展机会，从而促进他们的全面成长。

五、社区化和开放化

幼儿园不仅是一个教育机构，还是社区的一部分。因此，幼儿园应积极与社区建立联系，开放园区设施，邀请社区成员参与幼儿园的活动，共同打造一个和谐的社区教育环境。

幼儿园可以主动与社区建立联系，利用社区资源丰富教育内容。例如，幼儿园可以与社区图书馆合作，组织孩子们定期前往图书馆阅读，参与读书会和故事会活动，培养孩子们的阅读兴趣和习惯；与社区文化中心合作，邀请艺术家和专家来园开展讲座和工作坊，让孩子们接触和学习各种艺术形式和文化知识；可以与社区志愿者组织合作，邀请社区志愿者来园参与教育活动和服务，如邀请退休教师、医生、警察等给孩子们讲解职业知识和安全常识，增强他们的职业认知和安全意识。通过这些合作，不仅幼儿园丰富了教育资源，社区成员也增强了参与感和责任感。幼儿园还可以设立组织社区读书会，以促进社区成员之间的交流和互动，增强社区的文化氛围。

除上述合作及活动外，幼儿园还可以通过组织社区服务活动，让孩子们参与到社区建设中，增强他们的社会责任感和归属感。例如，组织孩子们进行社区清洁活动，包括清理街道、公园和公共设施，培养他们的环保意识和社会责任感；组织孩子们探访敬老院和福利院，慰问老人和孤儿，进行文艺表演和手工制作，培养他们的爱心和同情心。这些活动不仅有助于孩子们的成长与发展，还能促进社区的和谐与进步。幼儿园可以定期举办各种社区活动，如文化节、运动会、亲子游戏日等，增强社区的凝聚力和和谐氛围。其中，社区文化节可以邀请社区成员展示和分享他们的文化传统和艺术才华，通过文化交流增进社区成员之间的了解和友谊。社区运动会可以邀请家长和孩子们一起参加各种体育比赛和游戏，增强他们的身体素质和团队合作精神。亲子游戏日可以邀请家长和孩子们在游戏中体验合作与交流的乐趣，增进亲子关系。

幼儿园还应通过多种方式，加强与社区和家长的互动，形成教育合力，共同助于儿童健康、全面发展。例如，幼儿园可以联合社区委员会定期召开会议，讨论和策划幼儿园和社区的联合活动，并听取社区成员的意见和建议，以提升教育和服务质量。幼儿园还可以通过建立家校沟通平台，与家长保持密切联系，及时传递教育信息和资源，共同关注和支持孩子们的成长和发展。家长可以通过平台了解幼儿园的教育理念和活动安排，参与幼儿园的教育活动，成为教育过程中的重要合作伙伴。

第二章 幼儿园环境创设的理论基础 与运用及视角转变

第一节 幼儿园环境创设的理论基础与运用

在探讨幼儿园环境创设的过程中，从幼儿的视角出发是至关重要的。本节主要探讨幼儿园环境创设的理论基础，包括皮亚杰的认知发展理论、维果茨基的社会文化理论、蒙台梭利教育法、加德纳的多元智力理论、布朗芬布伦纳的人类发展生态理论，并论述了将这些理论应用于幼儿园环境创设的具体措施。

一、皮亚杰的认知发展理论

（一）认知发展理论概述

皮亚杰（Jean Piaget）是瑞士著名的儿童心理学家，他提出的认知发展理论对理解儿童的认知过程具有重要意义。幼儿的认知发展是一个连续的过程，受其内在认知结构的影响。皮亚杰将幼儿的认知发展分为四个阶段：感知运动阶段（0～2岁）、前运算阶段（2～7岁）、具体运算阶段（7～11岁）和形式运算阶段（11岁以上）。认知发展理论认为幼儿在不同的发展阶段具有不同的认知特点和需求。感知运动阶段的幼儿主要通过感官和动作来探索世界，前运算阶段的幼儿开始发展符号功能和语言能力，但其思维仍以具体形象为主。具体运算阶段的幼儿开始掌握逻辑思维，但仍需依赖具体操作。形式运算阶段的幼儿则能进行抽象思维和假设推理。

（二）认知发展理论的主要内容

由于幼儿园阶段孩子处于前运算阶段，本部分就主要论述这一阶段的主要内容，如表2-1所示。

表2-1　皮亚杰认知发展理论的主要内容

发展阶段	年龄范围	思维特征	说明
前运算阶段	2～7岁	自我中心、形象思维、符号功能、思维的不可逆性、集中化思维	幼儿以自我为中心，难以理解他人的观点；开始使用语言、绘画和游戏等符号系统；思维具体，难以进行抽象概念的操作；解决问题时关注单一维度，忽略其他信息

在前运算阶段，幼儿的思维主要表现为以自我为中心和形象思维。自我中心是这一阶段的显著特点，幼儿难以理解他人的观点。前运算阶段的幼儿开始发展符号功能，能够使用语言、绘画和游戏等符号系统来代表现实世界中的事物，但他们的思维仍然是具体的，难以进行抽象概念的操作。前运算阶段的幼儿在理解事物的变换时，表现出思维的不可逆性。例如，他们可能理解将水从一个杯子倒入另一个形状不同的杯子中后水量不变，但无法理解这一过程的逆操作。这一阶段的幼儿在解决问题时往往关注单一维度，而忽略其他重要信息，如在判断物体重量时只关注物体的体积而忽视密度，这被称为集中化思维。

（三）将认知发展理论应用于幼儿园环境创设

根据皮亚杰的认知发展理论，幼儿园的环境创设应注重提供丰富的感官刺激和操作性强的学习材料，以促进幼儿的认知发展，还应设置多样化的游戏区域，包括角色扮演区、建筑区、自然观察区和艺术创作区等，以激发幼儿的探索欲望和创造力。

幼儿园应提供丰富的感官刺激，以促进幼儿的认知发展。其中，视觉刺激可以通过色彩鲜艳、图案丰富的装饰来吸引幼儿的注意力，激发他们的兴趣和想象力，还可以在环境中设置各种视觉材料，如图片、绘本等，帮助幼儿发展视觉认知和审美能力。听觉刺激可以通过多样化的声音材料，如音乐、自然声音等，丰富幼儿的听觉体验，这不仅能提高他们的听觉敏感度，还能促进他们的语言发展和情感表达。触觉刺激可以通过设置触摸墙、触感玩具等，让幼儿通过触摸不同的材质和形状来发展触觉认知，这有助于提高他们的感知能力和动手能力，同时能增强他们的安全感和自信心。嗅觉和味觉刺激则可以通过在环境中设置花卉、香料等，丰富幼儿的嗅觉和味觉体验，这能有效提高他们的嗅觉和味觉敏感度。

在角色扮演区，幼儿可以通过扮演不同的角色来理解社会角色和规则。这不仅能促进幼儿的社会认知发展，还能提高他们的沟通能力和合作能力。建筑区则提供各种积木、拼插玩具和建构材料，鼓励幼儿进行建构活动。这不仅能培养他们的空间思维和逻辑能力，还能锻炼他们的动手能力和问题解决能力。自然观察区则设置室内和室外的观察区域，提供放大镜、显微镜、标本、植物和动物模型等，让幼儿在观察和探索自然界的过程中发展科学思维和探究能力。艺术创作区则提供绘画、手工、音乐和舞蹈等艺术活动的材料，鼓励幼儿自由创作和表达。这有助于培养他们的审美能力和创造力，同时能促进他们的情感表达和心理健康。这种鼓励动手实践和探索的环境，能够使幼儿在主动参与中学习和成长，不仅能提高他们的动手能力，增强他们的探究精神，还能激发他们的学习兴趣和好奇心。

二、维果茨基的社会文化理论

（一）社会文化理论概述

维果茨基（Lev Vygotsky）是苏联著名的心理学家，他提出的社会文化理论对教育学和心理学的发展产生了深远影响。社会文化理论强调社会互动和文化背景在幼儿认知发展中的重要作用，认为幼儿的发展不仅是个体内部的认知建构过程，同时是社会互动的结果。最近发展区是社会文化理论的核心组成部分之一，指儿童独立解决问题的实际发展水平与在成人指导下或在与能力更强的同伴合作解决问题的潜在发展水平之间的差距。语言和符号系统在儿童的认知发展过程中起到至关重要的作用。通过语言，幼儿能够与他人交流思想和经验，从而促进自身的认知发展。文化背景中的符号系统也影响着幼儿的认知方式和思维模式。

（二）社会文化理论的主要内容

维果茨基提出的最近发展区理论是社会文化理论中的一个重要概念。维果茨基将最近发展区定义为幼儿在有指导的情况下能够完成的任务范围，即在有经验的成人或更有能力的同伴的帮助下，幼儿可以完成那些他们单独无法完成的任务。其主要内容如表2-2所示。

表2-2　维果茨基的最近发展区理论的主要内容

要点	描述
任务完成的条件	在有经验的成人或更有能力的同伴的帮助下，幼儿可以完成那些单独无法完成的任务

要点	描述
教育和教学的作用	教育通过提供适当的支持和指导，促进幼儿的认知发展，帮助他们发挥潜力
社会互动的重要性	通过与成人和能力更强的同伴的互动，幼儿获取新知和技能，社会互动是学习和问题解决的平台
语言交流的功能	语言是思想交流的主要工具，幼儿通过语言交流分享想法、经验并学习
教师和家长的角色	教师和家长是知识传授者及学习的引导者和支持者，他们在促进幼儿认知发展中扮演着关键角色

最近发展区强调了教育的关键作用，即通过提供适当的支持和指导，教师可以帮助幼儿发挥他们的潜力，促进他们的认知发展。社会互动不仅提供了学习的机会，还提供了问题解决的思路和思维发展的平台。在互动过程中，幼儿不仅接受信息，还能通过与他人的交流与合作，发展出新的认知策略和思维方式。互动中的语言交流尤为重要，因为语言是思想交流的主要工具，通过语言，幼儿可以分享自己的想法和经验，并从他人的反馈中学习。教师和家长在幼儿的认知发展过程中扮演着重要的角色，他们不仅是知识的传授者，更是学习的引导者和支持者。通过提供适当的指导和支持，帮助幼儿实现学习目标，提升认知能力。

（三）将社会文化理论应用于幼儿园环境创设

根据维果茨基的社会文化理论，幼儿园的环境创设应注重构建促进社会互动的空间和活动，鼓励幼儿在互动中学习和成长。以下是具体的应用措施。

第一，构建合作学习区。幼儿园应设置专门的合作学习区，提供适合小组活动和合作学习的空间和材料。例如，设置圆桌和舒适的座椅，提供各种合作游戏和活动材料，如拼图、积木、角色扮演道具等。在合作学习区，幼儿可以通过与同伴的互动，分享自己的想法和经验，共同解决问题，发展合作精神和团队意识。合作学习区的设计应注重空间的开放性和灵活性，便于幼儿自由选择和调整活动方式。此外，教师应积极发挥引导作用，通过适时的指导和支持，帮助幼儿在互动中获得新的知识和技能，促进他们的认知发展。第二，构建角色扮演区。角色扮演区是促进社会互动和情境学习的重要区域。通过角色扮演，幼儿可以模拟现实生活中的各种情景，扮演不同的角色，如医生、教师、警察等。在角色扮演的过程中，幼儿不仅可以体验不同的社会角色和职业，还可以通过与同伴的互动，发展社会认知和情感能力。角色扮演区应提供丰富的道具和场景设置，如模拟的超市、医院、家庭等，以激发幼儿的想象力和创造力。教师应在角色扮演中扮演支持者和引导者的角色，鼓励幼儿积极参与，并帮助他们在角色扮演中获得有益的学习经验。第三，构建社交活动区。在社交活动区，幼儿可以通过自由玩耍和交流，建立友谊，发展社交能力。社交活动区应设置在开放、宽敞和安全的区域，并提供各种适合幼儿互动的游戏和活动材料，如球类游戏、跳绳、沙盘玩具等。教师则应密切关注幼儿的互动情况，及时介入和调解冲突，提供必要的支持和引导，帮助幼儿在互动中学会解决问题、分享资源和建立良好的社交关系。第四，发挥教师的引导和支持作用。在维果茨基的社会文化理论中，教师扮演着重要的引导者和支持者角色。教师应通过提供适时的指导和支持，帮助幼儿在最近发展区内实现学习目标。

三、蒙台梭利教育法

（一）蒙台梭利教育法概述

蒙台梭利（Maria Montessori）是意大利著名的教育家，她创立的教育法，对现代教育学产生了深远影响。蒙台梭利教育法强调幼儿自我指导学习的重要性，认为每个幼儿都有其独特的发展路径，教育应尊重幼儿的个体差异，提供自由选择和探索的机会。蒙台梭利的教育理念基于对幼儿自然发展的深入观察，主张教育应顺应幼儿的天性，支持他们在自由和秩序中实现全面发展。幼儿是有潜力的个体，他们通过与环境的互动进行自我建构。教师扮演的是观察者和引导者的角色，通过精心布置环境和提供适当指导，支持幼儿在自主探索中实现自我发展。蒙台梭利教育法的核心理念包括尊重幼儿的个体差异、提供自由选择的机会、创造适宜的学习环境和强调实践操作的学习方式。

（二）蒙台梭利教育法的主要内容

蒙台梭利教育法的主要内容如表 2-3 所示。

表 2-3　蒙台梭利教育法的主要内容

内容类别	主要特点
自由选择	幼儿在经适当引导后可自由选择活动和学习内容，以激发内在学习动机。提供多样化材料：数学教具、语言材料、科学实验、艺术创作等
环境准备	环境整洁有序，每种材料和教具固定位置，便于使用和归还。环境丰富多样，如设置数学区、语言区、科学区、艺术区等，且开放宽敞，安全舒适，以支持幼儿全面发展

1.自由选择

幼儿在经适当引导后可自由选择活动和学习内容，以激发内在的学习动机和探索欲望。具体来讲，教师会提供多种多样的学习材料，如数学教具、语言材料、科学实验、艺术创作等，供幼儿自由选择自己感兴趣的。自由选择不仅尊重了幼儿的个体差异，还鼓励他们主动参与和积极思考，从而促进全方位的发展。

2.环境准备

蒙台梭利教育法强调教师应精心准备环境，使其既安全又富有挑战性，以激发幼儿的探索欲望。理想的环境应具备以下特点：整洁有序，每种材料和教具都有固定的位置，方便幼儿自主取用和归还；提供丰富多样的学习材料，满足幼儿的学习需求；开放宽敞，便于幼儿自由活动和探索，开放的空间能激发幼儿的好奇心和探索欲望，促进他们主动学习和创造；安全舒适，所有材料和设备都应符合安全标准，确保幼儿在活动中的安全。

（三）将蒙台梭利教育法应用于幼儿园环境创设

根据蒙台梭利教育法，幼儿园的环境创设应注重幼儿的自主性和自由选择。以下是具体的应用措施。

第一，幼儿园应提供开放的空间和丰富的教具，鼓励幼儿自主选择和探索。开放的空间能给幼儿带来自由、灵活的活动体验，丰富的教具则能满足幼儿对不同领域的学习需求。例如，数学区、语言区、科学区、艺术区的教具和材料应根据幼儿的兴趣和发展阶段进行精心挑选和布置，确保其既具有吸引力，又能激发幼儿的学习欲望和探索精神。教师应定期检查和更新教具，保持环境的新鲜感。

第二，教师应鼓励幼儿自主选择活动和学习内容，尊重他们的兴趣和决策。例如，幼儿可以根据自己的兴趣选择参加数学、语言、科学或艺术活动，并在活动中自由探索和学习。教师在这一过程中应扮演观察者和引导者的角色，关注幼儿的学习状态和需求，适时提供指导和支持，助力他们在自主选择中实现自我发展。自主选择不仅能激发幼儿的学习兴趣和动机，还能使幼儿学习到如何做决定、如何管理时间和资源，以及如何解决问题和应对挑战，这对他们的未来发展具有重要意义。

四、加德纳的多元智力理论

（一）多元智力理论概述

霍华德·加德纳（Howard Gardner）是美国著名的心理学家，他提出的多元智力理论对教育学的发展产生了深远影响。该理论打破了传统智力观念的局限，强调智力的多样性和个体差异，主张教育应关注并发展幼儿的多种智力。多元智力理论为个性化教育提供了理论基础，强调教育应根据幼儿的智力特点，提供多样化的教育内容和方法，帮助他们在各自的智力领域得到充分发展。

（二）多元智力理论的主要内容

加德纳的多元智力理论的主要内容如表2-4所示。

表2-4　多元智力理论的主要内容

智力类型	定义	能力特点	表现领域	典型特征
语言智力	个体在使用语言进行交流和表达方面的能力	口头表达、写作、阅读理解、倾听	文学、写作、辩论	擅长表达思想和情感，理解言语和文字
逻辑－数学智力	个体在逻辑推理和数学运算方面的能力	分析问题、逻辑推理、识别模式、解决数学问题	科学、数学、技术	系统思考，有效解决复杂问题，发现规律
空间智力	个体在脑海中构建和操作空间关系的能力	视觉化思维、图形辨识、空间感知、方向感	艺术、建筑、设计、导航	通过视觉和空间理解表达复杂信息
音乐智力	个体在感知、创造和表达音乐方面的能力	节奏感、音高辨识、旋律记忆、音乐创作	音乐演奏、作曲、音乐欣赏	敏锐感受和理解音乐，通过音乐表达情感

智力类型	定义	能力特点	表现领域	典型特征
身体－动觉智力	个体通过身体运动和协调解决问题或创造产品的能力	手眼协调、身体控制、运动技巧、手工艺	体育、舞蹈、手工艺、表演	通过身体动作表达自己，精确控制和运用身体
人际智力	个体理解和与他人有效互动的能力	同理心、沟通技巧、合作能力、领导力	人际交往、团队合作、社会活动	敏锐感知他人情感和需求，有效沟通和合作
内省智力	个体自我认知和调节的能力	自我反思、自我理解、自我调节、目标设定	自我管理、个人成长、心理健康	深刻认识自己，有效调节情绪和行为
自然观察者智力	个体识别和分类自然界中事物的能力	观察自然现象、识别动植物、理解生态系统	生物学、生态学、环境科学、农学	敏锐观察和理解自然现象，应用于实际生活

语言智力：运用语言进行表达和交流的能力，包括听、说、读、写等方面的技能。具有高语言智力的幼儿善于表达自己，喜欢讲故事、写作和阅读。

逻辑－数学智力：逻辑推理和数学运算的能力，包括分析、计算、归纳、演绎等方面的技能。具有高逻辑－数学智力的幼儿善于解决数学问题，喜欢逻辑推理和科学实验。

空间智力：感知和操作空间关系的能力，包括识别图形、设计、绘画和建筑等方面的技能。具有高空间智力的幼儿善于绘画、拼图和空间想象。

音乐智力：感知、理解和表达音乐的能力，包括听音、唱歌、演奏乐器和作曲等方面的技能。具有高音乐智力的幼儿对音调、节奏和旋律敏感，喜欢音乐活动。

身体－动觉智力：运用身体进行表达和操作的能力，包括运动、舞蹈、手工制作和体育运动等方面的技能。具有高身体－动觉智力的幼儿善于协调身体动作，喜欢运动和动手活动。

人际智力：理解和处理人际关系的能力，包括沟通、合作、领导和共情等方面的技能。具有高人际智力的幼儿善于交际，喜欢团队活动和帮助他人。

内省智力：自我认识和调节的能力，包括自我反省、自我激励和情绪管理等方面的技能。具有高内省智力的幼儿善于自我反思，喜欢独处和思考自己的情感与行为。

自然观察智力：观察和理解自然界的能力，包括识别动植物、分类和自然现象的解释等方面的技能。具有高自然观察智力的幼儿对自然环境敏感，喜欢户外活动和观察自然界。

根据多元智力理论，教育应关注并发展幼儿的多种智力，提供个性化的教育方案。每个幼儿都有其独特的智力组合，教育应根据他们的智力特点，设计多样化的学习内容和方法，帮助他们在各自的智力领域得到充分发展。个性化教育不仅能激发幼儿的学习兴趣和动机，还能促进他们的全面发展和自我实现。

（三）将多元智力理论应用于幼儿园环境创设

根据多元智力理论，幼儿园的环境创设应注重提供多样化的活动和材料，以激发和发展幼儿的多种智力。以下是具体的应用措施。

第一，设置语言区。语言区应提供丰富的语言材料和活动，如提供多样化的绘本、故事书、字卡和拼读游戏等，鼓励幼儿进行阅读和讲故事活动。教师可以定期组织讲故事活动，让幼儿在听故事和讲故事的过程中发展语言表达能力。语言区还可以设置写作角，提供各种书写工具和纸张，鼓励幼儿进行自由写作和绘画，发展他们的语言表达和创作能力。

第二，设置数学区。数学区应提供各种数学教具和活动材料，如数棒、拼图、形状分类盒、数字卡片和计数游戏等，鼓励幼儿通过动手操作和游戏活动来理解数学概念。教师可以设计各种数学活动，如数字游戏、逻辑推理题和科学实验，激发幼儿对数学的兴趣和思维能力。幼儿则可以自由选择和参与各种数学活动，通过实际操作和探索，发展他们的逻辑思维能力和问题解决能力。

第三，设置空间区。空间区应提供丰富的空间材料和活动，如各种积木、拼插玩具、拼图和绘画工具等，鼓励幼儿进行建构和设计活动。教师可以设置建筑角，提供各种建筑材料和工具，鼓励幼儿进行自由建构和创作。幼儿则可以通过动手操作和视觉观察，发展他们的空间想象力和创造力，培养他们的设计和绘画能力。

第四，设置音乐区。音乐区应提供各种音乐材料和活动，如各种乐器、音乐播放器、唱片和歌本等，鼓励幼儿进行音乐欣赏和演奏活动。教师可以定期组织音乐活动，让幼儿在唱歌、跳舞和演奏乐器的过程中发展音乐感知和表达能力。音乐区还可以设置音乐创作角，提供各种作曲工具和材料，鼓励幼儿进行自由创作和表达，从而发展他们的音乐创作能力。

第五，设置运动区。运动区应提供各种运动材料和活动，如各种体育器材、运动游戏和体操设备等，鼓励幼儿进行体育运动和体能锻炼。幼儿则可以通过身体活动和动手操作，发展他们的身体协调和运动技能，培养他们的体育兴趣和习惯。

第六，设置社交区。社交区应提供丰富的社交材料和活动，如各种角色扮演道具、社交游戏和合作活动等，鼓励幼儿进行社交互动和团队合作。幼儿可以通过互动和合作，发展他们的社交能力和团队精神，培养他们的沟通和合作技巧。

第七，设置内省区。内省区应提供安静和私密的空间，如舒适的座椅、反思日记和自我评估工具等，鼓励幼儿进行自我反思和情感表达。幼儿则可以通过独处和反思，发展他们的自我认识和情感管理能力，培养他们的自我激励和独立思考能力。

第八，设置自然观察区。自然观察区应提供丰富的自然材料和活动，如各种动植物标本、自然观察工具和户外活动机会等，鼓励幼儿进行自然观察和探索。幼儿则可以通过亲身体验和观察，发展他们的自然观察能力和科学探究精神，培养他们的环保意识和自然兴趣。

五、布朗芬布伦纳的人类发展生态理论

布朗芬布伦纳（Urie Bronfenbrenner）的人类发展生态理论是理解幼儿成长和发展的重要理论。它强调个体的发展是多层次生态系统相互作用的结果，从微观系统到宏观系统，每一层次都对个体的成长产生重要影响。

（一）人类发展生态理论概述

布朗芬布伦纳的人类发展生态理论提出，个体的发展是嵌套在多个相互关联的系统中的，这些系统包括微观系统、中观系统、外观系统、宏观系统和时间系统。每个系统都对个体的发展产生重要影响，且这些系统之间是相互作用和相互影响的。因此，研究个体的发展不能仅仅关注其直接接触的环境，还需要考虑更广泛的社会和文化背景。

微观系统是指个体直接接触和互动的环境，如家庭、学校、同伴关系等。在幼儿园环境创设中，微观系统主要包括幼儿与教师、同伴及教学材料的互动。这一系统强调幼儿在日常生活中的具体经历和互动，是影响幼儿发展的直接因素。

中观系统是指不同微观系统之间的相互关系和互动。例如，家庭与幼儿园之间的关系、家长与教师的沟通等。中观系统强调不同环境之间的协调与联系，对幼儿的全面发展起着重要作用。

外观系统是指个体不直接参与但对其发展产生影响的外部环境，如

父母的工作环境、社区资源等。虽然幼儿不直接接触这些系统，但这些系统中的变化会通过微观系统间接影响幼儿的发展。

宏观系统是指更广泛的社会文化背景，包括社会价值观、法律政策、文化传统等。这一系统提供了个体发展的整体背景和框架，对幼儿园的环境创设具有深远影响。

时间系统是指个体的发展过程中的时间维度，包括个人经历的重要时间节点和社会历史背景的变化。时间系统强调发展的动态性和过程性。

（二）人类发展生态理论的主要内容

布朗芬布伦纳的人类发展生态理论的主要内容是通过分析不同层次的生态系统及其相互作用来理解个体的发展，具体如表 2-5 所示。

表 2-5　布朗芬布伦纳的人类发展生态理论的主要内容

系统层次	具体环境和内容	对幼儿发展的影响
微观系统	家庭、学校、同伴关系。家长的养育方式、家庭氛围、家庭结构；教师的教育方式、教学内容、同伴互动	直接影响幼儿的认知、情感、社会性发展。通过互动学会分享、合作、解决冲突等技能
中观系统	不同微观系统之间的相互关系。家长与教师的沟通；社区资源对家庭教育的支持	促进幼儿在不同环境中的适应和发展。家长参与学校活动、与教师合作有助于教育的一致性
外观系统	个体不直接参与但影响其发展的环境。父母的工作环境、社区设施和资源、社会政策和福利制度	通过影响家庭氛围、提供学习和娱乐机会间接影响幼儿发展。育儿假、教育补助等政策提供支持
宏观系统	社会文化背景、法律政策、经济条件。社会价值观和文化传统；法律及政策如儿童保护法、教育政策	影响家庭和学校的教育方式和理念。不同文化对儿童行为的期望和规范不同，法律及政策保障幼儿发展

续　表

系统层次	具体环境和内容	对幼儿发展的影响
时间系统	个体发展的过程性和动态性。重要的时间节点，如进入幼儿园、上小学；社会历史背景的变化，如科技进步、社会变迁	强调发展的动态性。重要时间节点对幼儿发展具有重要意义，社会变迁对幼儿的发展产生深远影响

　　微观系统中的具体环境和互动包括家庭、学校、同伴关系等。在家庭环境中，家长的养育方式、家庭氛围和家庭结构都会影响幼儿的发展。在学校环境中，教师的教育方式、教学内容同样对幼儿的认知、情感和社会性发展产生重要影响。同伴关系是幼儿社会化发展过程中的重要组成部分，通过与同伴的互动，幼儿能够学会分享、合作和解决冲突等社会技能。中观系统强调不同微观系统之间的相互关系，如家长与教师之间的沟通，他们之间的有效沟通可以促进幼儿在学校的适应和发展。家长参与学校活动、与教师共同制订教育计划等有助于幼儿在不同环境中的连续性和一致性发展。社区与家庭之间的互动也属于中观系统的内容，如社区提供的早期教育资源对家庭教育的补充和支持。外观系统包括个体不直接参与但对其发展产生影响的外部环境。父母的工作环境和工作压力会通过影响家庭氛围间接影响幼儿的发展。社区中的设施和资源，如公园、图书馆等，也通过提供学习和娱乐的机会影响幼儿的发展。社会政策和福利制度，如育儿假、教育补助等，也属于外观系统的内容。宏观系统包括社会文化背景、法律政策、经济条件等。社会价值观和文化传统影响着家庭和学校的教育方式和教育理念。例如，不同文化对儿童行为的期望和规范有所不同，进而影响幼儿的行为和发展。法律及政策，如儿童保护法、教育政策等为幼儿的发展提供保障和支持。时间系统强调发展的过程性和动态性，包括个体经历的重要时间节点和社会历史背景的变化。进入幼儿园、上小学等都是重要的时间节点，对幼儿的发展具有重要意义。社会历史背景的变化，如科技进步、社会变迁等也

会对幼儿的发展产生深远影响。

（三）将人类发展生态理论应用于幼儿园环境创设

布朗芬布伦纳的人类发展生态理论为幼儿园环境创设提供了全面的理论指导。在实际应用中，教育者需要从多层次、多角度考虑幼儿的发展需求，以创造一个有利于幼儿全面发展的环境，具体措施如下。

第一，优化微观系统。在微观系统层面，幼儿园的环境创设需要注重教师与幼儿、幼儿与幼儿之间的互动。教师应采用多样化的教学方法，提供丰富的教学材料和活动，以满足幼儿的兴趣和需求。幼儿园则应创建积极的同伴互动环境，通过合作游戏、团队活动等方式促进幼儿的社会性发展。

第二，加强中观系统的联系。幼儿园应积极与家长沟通，邀请家长参与教育活动，共同制订教育计划。幼儿园还应利用社区资源，如邀请社区志愿者参与活动、组织社区参观等，加强幼儿与社区的联系和互动。

第三，充分利用外观系统的资源。在外观系统层面，幼儿园应关注和利用社区资源和社会政策，如利用社区的公共设施图书馆、公园等，丰富幼儿的学习和娱乐活动。幼儿园还应关注和应用社会福利政策，如申请教育补助、利用社区的早期教育资源等，为幼儿提供更多的发展机会和资源。其四，考虑宏观系统的影响。在幼儿园的环境创设中，教育者应考虑社会文化背景和教育政策的影响，尊重和融合不同文化的教育理念，确保教育的公平性和多样性。教育者还应关注国家和地方的教育政策，确保幼儿园的教育活动符合政策要求。第五，关注时间系统的动态性。在幼儿园的环境创设中，教育者应关注幼儿不同发展阶段的需求，提供适时的支持和引导。在幼儿入园初期，应更多提供情感支持和适应性活动，从而帮助幼儿顺利过渡。教育者还应关注社会历史背景的变化，及时调整教育内容和方法，以适应新时代的发展需求。

第二节 幼儿园环境创设从成人视角向幼儿视角的转变

随着教育理念的发展和对幼儿需求的深入了解，幼儿园环境创设正经历从传统的成人视角向幼儿视角的转变。高品质的幼儿园环境是源于幼儿、追随幼儿的，是能够促进幼儿学习与发展的，更能够成就幼儿。[①]具体来说，幼儿园环境创设的视角转变主要体现在以下方面，如图2-1所示。

图 2-1 幼儿园环境创设视角转变的主要体现

一、从功能性到体验性

传统的幼儿园环境创设往往更注重功能性，即环境要具备基本的教育和生活功能，如提供学习、游戏、休息的空间。然而，这种功能性设计在满足基本需求的同时，往往忽视了幼儿在环境中的体验感。随着教育理念的更新，环境设计开始从单纯的功能性转向更关注幼儿的体验。

体验性设计不仅能满足幼儿的基本需求，还注重他们在环境中的感受和互动。丰富多样的活动区和游戏空间既能满足幼儿的发展需求，还

---

① 何煦 . 儿童视角下的高品质幼儿园环境建设 [J]. 教育科学论坛 ,2019(15)：74-77.

能激发幼儿的兴趣和好奇心，促进他们的自主学习和探索。例如，阅读区除提供丰富的图书资源之外，还可以布置舒适的座椅，提供音乐等，营造温馨的阅读氛围；科学探索区可以提供显微镜、标本和实验材料，激发幼儿的科学兴趣和探究精神；艺术创作区则可以提供各种绘画和手工制作工具，鼓励幼儿进行艺术创作和表达。

二、从成人主导到幼儿参与

在传统的环境创设中，环境的规划和布置主要依据成人的观点和需求。然而，要想环境真正符合幼儿的需求和兴趣，则应从幼儿视角出发，听取他们的意见和建议，考虑他们的需求和特点。

幼儿参与环境创设可以通过多种方式实现。例如，可以邀请幼儿绘画他们理想的教室，并将其中的一些创意融入实际的环境设计中。又如，在环境调整和布置时，让幼儿决定教室的装饰，以及活动区域的布置，甚至参与材料的选择和摆放。

三、从安全至上到平衡安全与探索

安全是幼儿园环境创设的重要考虑因素。然而，过度强调安全可能限制幼儿的自由探索和冒险精神。在新的教育理念下，环境创设应在保证安全的前提下，提供更多自由探索的机会和空间，鼓励幼儿在安全的环境中进行冒险和尝试。

平衡安全与探索需要在环境创设过程中进行详细的风险评估，确保所有设施和材料的安全性，如使用无毒无害的材料、确保设施的稳固性和耐用性、避免尖锐或危险物品等。同时，一些设备应配置保护措施，如在活动区周围设置软垫、护栏等，防止幼儿在活动中受伤。在确保安全的前提下，幼儿可适当进行挑战和冒险活动。例如，在户外活动区设置攀爬架、平衡木、沙池等，鼓励幼儿在安全环境中进行探索和冒险。

这些活动不仅能增强幼儿的体能和协调性，还能培养他们的勇气和自信心。教师应密切关注幼儿的活动情况，提供必要的指导与保护，鼓励幼儿在安全的前提下尝试新的动作和挑战。

四、从静态到动态

静态的环境设计虽然整洁有序，但缺乏灵活性和变化，不利于满足幼儿不断变化的需求。设计可变的、灵活的环境，并使其能够根据幼儿的需要和活动内容进行调整，是促进幼儿全面发展的有效策略。

动态环境设计应注重环境的可变性和灵活性。例如，使用可移动的家具和设备，使教室布局可以根据不同的活动需求进行调整和变化。教师可以根据每天的活动安排和幼儿的需求，灵活调整教室布局，如进行角色扮演活动时，教室可以快速变成一个小剧场；进行艺术创作时，又可以变成一个开放的工作室。动态环境设计也应注重环境的多样性和变化性。通过灵活安排环境布置，保持环境的新鲜感和吸引力。例如，根据季节变化、节日庆祝和主题活动等，定期调整环境布置，使环境始终富有新意和活力。这不仅能激发幼儿的学习兴趣，还能增强他们的好奇心和探索欲望。动态环境设计还应注重环境的互动性和参与性。通过设计互动性和参与性强的设施和活动，鼓励幼儿互动和参与。

五、从单一感官刺激到多感官体验

成人视角的单一感官刺激的环境创设无法全面满足幼儿的感官发展需求。幼儿视角的环境创设更注重多感官体验，不仅使用丰富的色彩、质感和形状，还提供触觉、听觉、视觉等多方面的刺激，以全面促进幼儿的感官发展和认知能力。

多感官体验设计应注重视觉刺激。通过使用丰富的色彩和多样的形状装饰教室，吸引幼儿的视觉注意力，激发他们的想象力和创造力。例如，可以在教室墙壁上张贴色彩鲜艳的壁画，使用形状多样的装饰物，使环境充满活力和趣味性。需要注意的是，视觉材料的选择应符合幼儿的认知水平和兴趣爱好，从而帮助他们在观察和感知中获得学习和成长的乐趣。多感官体验设计还应注重触觉和听觉刺激。通过提供具有不同质感的材料，如毛绒、木质、金属等，让幼儿通过触摸、观察和操作，获得多感官的学习体验。例如，在教室中设置触摸墙，让幼儿通过触摸不同材质的表面，发展他们的触觉感知能力；在户外活动区设置沙池、水池等，让幼儿在玩沙和玩水的过程中，获得视觉和触觉的双重体验。听觉刺激也是多感官体验设计应重点考虑的部分。通过播放柔和的音乐和收集自然声音，营造舒适的学习氛围，帮助幼儿集中注意力和放松心情。例如，在阅读区播放轻柔的背景音乐，让幼儿更好地享受阅读；收集风声、雨声等，让幼儿从不同角度认识大自然。通过听觉刺激，幼儿不仅能够获得愉悦的体验，还能发展他们的听觉感知和审美能力。多感官体验设计还应考虑嗅觉和味觉刺激。通过在环境中设置花卉、香料等，让幼儿通过嗅觉和味觉的体验，丰富他们的感官认知。例如，在教室中摆放不同花卉，让幼儿通过花香感受自然的美好；在烹饪活动中，提供各种香料和食材，让幼儿通过嗅觉和味觉，了解食物的多样性。

第三章 幼儿园班级活动区域的创设

第一节 班级活动区域的种类与作用

幼儿园班级活动区域的环境创设是幼儿教育的重要组成部分，通过科学合理地规划和布置，可以为幼儿提供丰富的学习和探索机会。不同种类的活动区域不仅能满足幼儿在认知、情感、社会性发展等方面的需求，还能为他们提供自由表达、创造和探索的空间。图 3-1 ～图 3-8 为不同幼儿园班级活动区域空间规划的展示。

图 3-1　北京航空航天大学幼儿园班级活动区域空间规划

图 3-2　北京市通州区牛堡屯幼儿园班级活动区域空间规划

图 3-3　北京市通州区张家湾中心幼儿园班级活动区域空间规划

图3-4 应急管理部机关服务中心幼儿园班级活动区域空间规划

图3-5 浙江杭州都市阳光幼儿园班级活动区域空间规划

图 3-6　新疆和田市伊里其乡中心幼儿园班级活动区域空间规划

图 3-7　新疆和田学院附属幼儿园班级活动区域空间规划

图3-8　新疆墨玉县吐外特乡幼儿园班级活动区域空间规划

一、班级活动区域的种类

不同种类的幼儿园班级活动区域各具特色，能够满足幼儿多样化的学习和发展需求。以下是几种主要的班级活动区域类别。

（一）角色游戏区

角色游戏是幼儿根据自己的兴趣以及对生活的体验，通过想象和模仿，以角色扮演的方式，创造性地反映现实生活的一种游戏，是3~5岁幼儿特有的典型游戏。[①]角色游戏区通过提供各种道具和场景，如娃娃、厨具、医生工具等，以及模拟的家庭、医院、超市等现实生活中的场景，不仅能帮助幼儿了解和体验不同的社会角色和职业，还能培养他们的社会交往能力和语言表达能力。角色游戏还鼓励幼儿通过创造性地解决问题来表达自己的想象力和创造力（图3-9、图3-10）。

---

① 金晓梅. 幼儿园环境创设 [M]. 2 版. 北京：北京理工大学出版社，2019：86.

图 3-9　北京市通州区张家湾中心幼儿园角色游戏区

图 3-10　应急管理部机关服务中心幼儿园角色游戏区

在角色游戏区，幼儿可以模拟家庭生活，扮演父母、孩子，学习家庭成员之间的互动和责任分担；模拟医院场景，扮演医生、护士，了解医疗职业的基本知识和工作流程；模拟超市购物，扮演收银员、顾客，学习日常生活中的购物流程和基本的经济知识。这些角色扮演活动不仅能让幼儿在游戏中获得知识，还能培养他们的社会责任感和服务意识。幼儿还可以通过与同伴的互动提高语言表达能力和社交技巧。在角色扮演过程中，他们需要与同伴进行对话、讨论游戏情节和角色分配，从而提高他们的沟通能力和表达能力。这些知识和能力对他们未来的学习和生活都非常重要。在这里，幼儿可以自由地设计和构建自己的游戏情节和角色形象，通过创造性地解决游戏中的问题，发展他们的思维能力和创新能力。例如，他们可以想象自己是一个超级英雄，设计各种拯救世界的计划；也可以扮演企业家，模拟经营自己的店铺。

（二）建构游戏区

建构游戏区提供各种积木、拼插玩具和搭建材料等，幼儿可以在这里自由发挥，搭建各种建筑物。建构游戏区为幼儿提供了一个动手操作和创造的空间。在这里，他们可以使用各种积木和拼插玩具，搭建房屋、桥梁、塔楼等。这不仅能提高幼儿的手眼协调能力，促进他们的精细动作发展，还能培养他们的空间想象力和创造力。通过动手操作，幼儿可以感受建构的乐趣和成就感，从而增强自信心和动手能力（图3-11、图3-12）。

图3-11　北京市通州区牛堡屯幼儿园建构游戏区

图 3-12　新疆墨玉县南航明珠幼儿园建构游戏区

在建构游戏区，幼儿可以通过搭建活动理解基本的物理概念和数学原理。例如，他们可以通过搭建桥梁了解力学原理，通过拼插玩具了解几何形状和空间关系。建构游戏区还提供了一个合作交流的平台。幼儿可以通过共同完成一个搭建项目，学习如何分工合作和团队协作。例如，他们可以共同设计和搭建一个大型的积木城市，各自负责不同的部分，通过合作完成整个项目。在这个过程中，他们需要与同伴进行讨论和沟通，协调各自的任务和角色，从而提高他们的合作能力和社交技巧。在建构游戏区，幼儿还可以自由地设计和构建各种建筑物和结构，探索不同的搭建方法和技巧。例如，他们可以尝试使用不同形状和颜色的积木，搭建出独特的建筑物；也可以通过拼插玩具，设计出各种有趣的机械装置。这些活动不仅能让他们在游戏中获得乐趣，还能培养他们的创造力和想象力。

（三）艺术活动区

艺术活动区是培养幼儿创造力和审美能力的重要场所。这个区域提供了丰富的艺术材料和工具，如绘画颜料、蜡笔、水彩、剪刀、胶水、黏土等，幼儿可以在这里进行绘画、手工制作和其他艺术创作活动。艺术活动区不仅能够激发幼儿的创造力和想象力，培养他们的审美眼光和艺术素养，还能够帮助幼儿更自由地表达情感和思想，使他们在动手操作中获得成就感和满足感。图 3-13 ～图 3-17 是不同幼儿园艺术活动区的展示。

图 3-13　北京市通州区张家湾中心幼儿园艺术活动区

图 3-14　应急管理部机关服务中心幼儿园艺术活动区

图 3-15　浙江杭州都市阳光幼儿园艺术活动区

图 3-16　新疆和田市伊里其乡中心幼儿园艺术活动区

图 3-17　新疆和田学院附属幼儿园艺术活动区

艺术活动区为幼儿提供了一个自由创作和表达的空间。在这里,幼儿可以通过使用各种艺术材料和工具,自由地表达自己的情感和思想,如通过绘画表达自己的喜怒哀乐,通过手工制作表现自己的创意和想法。通过各种艺术活动,幼儿能够提高手眼协调能力,促进精细动作发展。例如,幼儿可以通过使用画笔和颜料,学习如何控制手部动作和力量;通过使用剪刀和胶水,学习如何进行细致的剪裁和粘贴。幼儿还可以自由地设计和创作各种艺术作品,探索不同的艺术形式和技巧。例如,他们可以尝试使用不同的颜色和材料,创作出独特的绘画和手工艺品;也可以通过黏土雕塑,创作出各种有趣的雕塑作品。这些活动不仅能让幼儿在艺术创作中获得乐趣,还能培养他们的创造力和想象力。

（四）科学探索区

科学探索区是培养幼儿探究精神和科学素养的重要区域。这个区域提供了各种科学实验工具和材料,如放大镜、显微镜、磁铁、实验器皿等,幼儿可以通过动手实验和观察活动,探索自然现象和科学原理。例如,幼儿可以通过提出问题、设计实验、观察记录和总结分析,掌握科学探究的方法和技能，从而帮助幼儿理解和掌握基本的科学概念，提高他们的科学素养和问题解决能力。图 3-18 ～图 3-21 是不同幼儿园科学探索区的展示。

图 3-18　北京市通州区张家湾中心幼儿园科学探索区

图 3-19　浙江杭州都市阳光幼儿园科学探索区

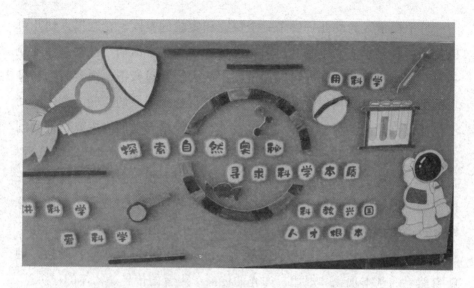

图 3-20　新疆墨玉县南航明珠幼儿园科学探索区

图 3-21　新疆墨玉县吐外特乡幼儿园科学探索区

科学探索区为幼儿提供了一个探究和实验的空间。在这里，幼儿可以使用各种科学实验工具和材料，进行实验和观察活动，探索自然现象和科学原理。例如，幼儿可以通过使用放大镜和显微镜，观察植物和昆虫的细微结构；使用磁铁和实验器皿，进行物理现象的实验。这些活动不仅能提高幼儿的科学素养和实验技能，还能培养他们的探究精神和创新能力。幼儿也可以通过提出问题、设计实验、观察记录和总结分析，掌握科学探究的方法和技能。例如，他们可以先提出一个关于植物生长的问题，然后设计一个实验来观察和记录植物的生长过程，最后通过总结分析得出结论。这些活动不仅能提高幼儿的问题解决能力和科学素养，还能培养他们的逻辑思维和研究能力。幼儿还可以通过实验和观察，理解自然界的基本现象和规律，如光的传播、声音的传导、物体的浮沉等。这些活动不仅能提高幼儿的科学素养和知识水平，还能培养他们的科学思维和探究精神。

（五）语言学习区

语言学习区是提高幼儿语言表达能力和阅读能力的重要场所。这个区域提供了丰富的阅读材料和语言活动资源，如图书、绘本、有声读物、字卡等，幼儿可以在这里进行阅读、听故事和语言游戏等活动。这些活动不仅能培养幼儿的阅读兴趣和习惯，还能提高他们的语言表达能力和理解能力。语言学习区还提供了一个安静的阅读环境，使幼儿能够专注于阅读和思考，提高他们的注意力和记忆力（图 3-22 ~ 图 3-24）。

图 3-22 北京市通州区牛堡屯幼儿园语言学习区

图 3-23 浙江杭州都市阳光幼儿园语言学习区

图 3-24　新疆墨玉县南航明珠幼儿园语言学习区

语言学习区为幼儿提供了丰富的语言学习资源和活动空间。在这里，幼儿可以通过阅读图书、听故事和参与语言游戏等活动，学习新的词汇和句型，提高语言表达能力和阅读能力。例如，他们可以通过阅读绘本，学习故事情节和人物对话，提高他们的理解能力和表达能力；通过听有声读物，学习正确的发音和语调，提高他们的听力和口语能力；通过字卡游戏，学习新的词汇和拼音，增加他们的词汇量，提高他们的拼读能力。语言学习区还提供了一个安静的阅读环境，使幼儿能够在安静的环境阅读图书，专注于故事情节和人物对话，提高他们的注意力和理解能力，培养他们的专注力和思考能力。在语言学习区，幼儿还可以通过与同伴交流和分享阅读体验，提高他们的社交能力和语言表达能力。例如，他们可以与同伴讨论故事情节和人物，分享各自的阅读感受和想法，提高他们的表达能力和理解能力；可以通过语言游戏，进行词汇和拼音的练习，增强他们的语言能力和拼读能力。

二、班级活动区域的主要作用

班级活动区域的合理设计和布置在幼儿教育中具有重要意义。该区域为幼儿提供了一个自由学习和探索的平台，能满足幼儿在认知、情感、社交等多方面的需求。接下来将详细探讨班级活动区域的主要作用（图3-25）。

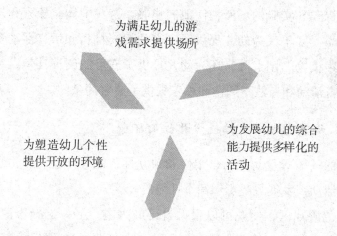

为满足幼儿的游戏需求提供场所

为塑造幼儿个性提供开放的环境

为发展幼儿的综合能力提供多样化的活动

图3-25　班级活动区域的主要作用

（一）为满足幼儿的游戏需求提供场所

游戏是幼儿的主要活动形式。通过游戏，幼儿可以探索世界、发展智力、锻炼身体、学习社会技能。教育者在设计班级活动区域时，应当考虑到幼儿的兴趣和需求，为幼儿提供丰富的游戏材料和充足的活动空间，以便幼儿自由选择和开展各种游戏活动。

在角色游戏区，幼儿可以在模拟的家庭、医院、商店等场景中扮演不同的角色。通过角色扮演，幼儿可以体验不同的社会角色和职业、学习社会规则和人际交往技巧，从而增强社会认知能力和适应能力。建构游戏区为幼儿提供了各种积木、拼插玩具和搭建材料。幼儿可以在这里自由搭建各种建筑物和其他物品，通过探索和试验，理解基本的物理概念和数学原理，发展逻辑思维能力和问题解决能力。建构游戏区还为幼儿提供了合作平台。幼儿可以通过共同完成一个搭建项目，学习如何分工和合作。艺术活动区为幼儿提供了丰富的艺术材料和工具，如绘画颜料、蜡笔、水彩、剪刀、胶水、黏土等。幼儿可以自由发挥自己的想象力，表达自己的情感，尽情地在游戏中体验乐趣。科学探索区为幼儿提供了自由探究和实验的场所，使他们能够在游戏中体验探索和发现的乐趣。语言学习区不仅为幼儿提供了丰富的阅读材料和语言活动资源，如绘本、有声读物、字卡等，还为幼儿提供了安静的阅读环境，为幼儿开展各种语言活动和专注于阅读和思考提供了适宜的条件。

（二）为塑造幼儿个性提供开放的环境

开放的环境尊重幼儿的自主性和独立性，能够使幼儿自由选择和决定自己的活动，发展自我意识和个性特质。

在角色游戏区，幼儿可以根据自己的兴趣、喜好选择扮演的角色，构建自己的游戏故事情节。这种自由选择和创造的过程能够增强幼儿的自主性和独立性，使他们学会自己做决定和解决问题。通过角色扮演，幼儿可以表达自己的情感和想法，增强自我表达能力和自信心。建构游戏区为幼儿提供了自由搭建和创造的空间，使他们能够根据自己的想象力和创意设计及构建各种物品。在这个过程中，幼儿可以自由探索，发现和解决问题，增强创造力和逻辑思维能力。建构游戏区的开放性使幼儿能够在自由的环境中发展自己的个性，从而有利于培养幼儿的自主性和独立性。艺术活动区为幼儿提供了自由创作和表达的空间，使他们能够通过绘画、手工制作和其他艺术活动表达自己的情感和思想，发现和发展自己的艺术天赋和兴趣，从而促进个性特质的发展，增强自信心和自我意识。科学探索区为幼儿提供了自由探究和实验的环境，使他们能够根据自己的兴趣、好奇心选择和设计实验，探索自然现象和科学原理，从而培养他们的探究精神和独立思考能力，增强他们的自主性和独立性。语言学习区为幼儿提供了自由阅读和参与语言活动的空间，使他们能够根据自己的兴趣和需要开展各种语言活动，从而促使他们在自由阅读和语言活动中发展自己的语言天赋。

（三）为发展幼儿的综合能力提供多样化的活动

班级活动区域可以为幼儿提供多样化的活动，帮助幼儿发展综合能力。该区域的设计和布置应考虑到幼儿的多方面需求，通过丰富的活动和材料，促进他们智力、体能、情感和社交能力的发展。

角色游戏区通过模拟现实生活中的各种情景，帮助幼儿了解社会角色和规则，发展他们的社会交往能力和语言表达能力。在角色游戏过程中，幼儿不仅能够学习和体验不同的社会角色，还能提高沟通技巧和团队合作能力。建构游戏区为幼儿提供了搭建物品的各种材料。在搭建过程中，幼儿需要进行计划和组织，发挥想象力和创造力，有利于锻炼他们的逻辑思维能力和问题解决能力。艺术活动区通过提供与音乐、美术、手工制作等相关的活动，可以锻炼幼儿的想象力、创造力、自我表达能力、审美能力以及手眼协调能力。

第二节　班级活动区域空间规划

班级活动区域空间规划在幼儿园环境创设中起着至关重要的作用。合理的班级空间布局能够更好地促进幼儿的学习和发展，为他们提供安全、舒适且富有创意的活动环境。

一、班级活动区域空间规划的原则

幼儿园班级活动区域空间规划应综合考虑安全性、灵活性、可及性、功能性和美观性等原则（图 3-26）。

图 3-26　幼儿园班级活动区域空间规划的原则

（一）安全性原则

在设计活动区域时，幼儿的安全至关重要。具体来讲，地板应选择防滑、防摔的材料，以减少幼儿滑倒和受伤的风险。活动区域应避免使用尖锐物品和易碎品，所有家具和设备应选择稳固且边角圆滑的，以防止幼儿在活动过程中受到磕碰。活动区域的通道应保持畅通无阻，确保在发生紧急情况时，幼儿能迅速、安全地撤离。每个区域的设计都应经过严格的安全检查和评估，确保符合安全标准，为幼儿提供一个无忧的学习和活动环境。教师和工作人员应定期对设备和玩具进行检查和维护，及时修复或更换损坏的物品，确保所有设备始终处于良好状态。教师和工作人员还要定期接受安全知识培训，包括了解和掌握急救措施、火灾逃生计划等内容，并在日常活动中对幼儿进行安全教育，帮助他们建立基本的安全意识和行为规范。

（二）灵活性原则

活动区域的规划应遵循灵活性原则，以适应幼儿不断变化的需求和活动内容。教师应定期对活动区域进行检查和调整，确保满足不同阶段幼儿的发展需求。活动区域的家具和设备应便于移动和重新配置，这样教师能够根据教学需要和幼儿的兴趣快速调整活动区域的布局。

灵活性不仅能提高空间的利用率，还能增强教学的多样性和趣味性。设计阶段就需要考虑未来的变化和空间调整的可能性，选择多功能家具和模块化设备，以轻松地配置活动区域，从而满足不同的教学需求，适应不同的活动类型。例如，同一个区域可以根据需要转换成游戏区、阅读区或艺术创作区，以适应不同的活动安排。教师应根据实际情况，不断优化和调整空间布局，以保持环境的新鲜感和适应性，激发幼儿的学习兴趣和探索欲望。灵活性原则还要求教师具备敏锐的观察力和灵活的应变能力，以根据幼儿的实际需求和兴趣，及时进行调整和改进。

（三）可及性原则

可及性指活动区域的设施设备、玩具、材料等应符合幼儿的身高和能力，从而方便他们接触和使用。具体来讲，设施设备和资料的摆放应考虑到幼儿的视线高度和操作能力，确保幼儿能够自主选择和取用。这不仅能增强幼儿的自主性，还能培养他们的组织能力和自我管理能力。可及性原则的落实需要教师在设计和布置时细致入微，充分考虑幼儿的实际情况和需求，通过将玩具、材料等放置在幼儿容易接触到的高度和位置，鼓励他们主动参与各种活动，提高他们的自主学习能力和积极性。同时，教师应避免将玩具、材料放在幼儿难以接触的位置，以防止幼儿在取用时发生意外。

（四）功能性原则

活动区域的设计应突出功能性，确保有效支持相应的活动。具体来讲，阅读区应设置在安静的角落，并配备舒适的座椅和丰富的阅读材料，从而营造一个安静的阅读环境。艺术区应设置在光线充足的地方，提供各种绘画和手工材料，鼓励幼儿自由创作和表达。游戏区应设置在宽敞的区域，配备适合幼儿年龄和兴趣的玩具和游戏设备，增强他们的社交和动手能力。科学探索区应配置丰富的实验材料和工具，激发幼儿的好奇心和探究欲望。每个区域应有明确的功能分区，以使幼儿清楚地了解不同区域的用途和规则。

功能性原则的落实需要教师在规划和设计时充分考虑各活动区域的特点和需求。通过合理布局和配置，确保每个区域能最大限度地发挥其教育作用，从而支持幼儿在各个方面的发展。例如，阅读区的设计应注重安静和舒适，艺术区的设计应强调创作和表现，游戏区的设计应注重互动和合作，科学探索区的设计应突出实验和探究。教师应定期评估各活动区域的使用情况，并根据需求变化进行调整和优化，确保各区域功能的有效发挥。例如，观察幼儿在各区域的活动情况，了解他们的兴趣和需求，及时进行调整和改进，确保活动区域始终符合幼儿的发展需要。

（五）美观性原则

活动区域的环境应美观、和谐，以吸引幼儿的注意和兴趣。色彩搭配应符合幼儿的心理特点，采用明亮、温暖的色调，营造一个愉快、舒适的学习环境。教师应注重活动区域的整体布局和装饰，通过摆放幼儿作品、悬挂教育图表等方式，增强环境的吸引力和教育功能。美观的环境不仅能激发幼儿的学习兴趣，还能提升他们的审美能力和艺术素养。美观性原则的落实需要教师在设计和布置时注重细节，通过合理的色彩搭配和装饰布置，营造一个充满美感的、温馨的学习氛围。教师应鼓励幼儿参与环境的布置和装饰，以增强幼儿对环境的认同感和参与感。

二、班级活动区域空间规划的步骤

班级活动区域的空间规划是一个系统的过程，需要教师综合考虑幼儿的兴趣和需求、教学目标和活动安排，通过需求分析、布局设计、材料选择与配置及安全检查与调整等步骤，科学合理地规划和设计活动区域（图3-27）。

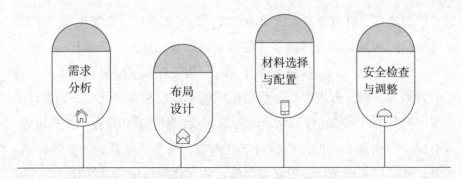

图 3-27　班级活动区域空间规划的步骤

（一）需求分析

　　了解幼儿的兴趣和需求以及教师的教学目标和活动安排是班级活动区域空间规划的基础。通过观察和调查，教师可以收集幼儿的偏好和兴趣点。这些信息有助于教师确定哪些活动区域是必不可少的，哪些材料和设备能够最大限度地激发幼儿的学习兴趣。教师可以通过与幼儿家长的交流、观察幼儿在不同活动中的表现，以及与同事讨论教学计划的制订与实施等方式，获取关于幼儿兴趣和需求的详细信息。例如，某些幼儿可能对绘画和手工制作具有浓厚的兴趣，另一些幼儿可能更喜欢科学实验和探索活动。通过这些信息，教师可以初步规划各类活动区域的设置和重点。另外，教师需要明确教学计划和目标，以确保活动区域的设置能够支持教学计划的实施和促进教学目标的实现。例如，如果教师希望在某一阶段重点培养幼儿的社交能力和合作精神，那么活动区域的规划应着重于提供更多的合作游戏和互动活动空间。

（二）布局设计

　　布局设计需要考虑各类活动区域的位置、空间大小及它们相互之间的关系。合理的布局设计应确保每个活动区域都有足够的活动空间，能够满足幼儿的需求，并且区域之间的划分清晰，便于幼儿和教师使用。

　　布局设计还需要考虑各类活动的特点和要求。例如，阅读区应布置在安静的角落，以避免其他活动的干扰；艺术创作区应设置在光线充足、易于清洁的区域；游戏区应有充足的空间供幼儿自由活动和互动；科学探索区应配备适当的实验桌和储存空间，用于存放实验材料和工具。通过合理布局，能充分发挥每个活动区域的功能性和实用性。布局设计不仅要明确各个区域的位置和大小，还应详细标明家具和设备的摆放位置。这有助于在实际布置时准确执行设计方案，避免不必要的调整和修改。此外，教师应考虑到幼儿的移动路线，确保活动区域的设计方便幼儿自由出入和参与活动。

（三）材料选择与配置

根据各类活动区域的功能和需求，选择适当的材料与设备，并合理配置到各个区域中。材料与设备的选择应考虑到幼儿的年龄和发展水平，确保所选材料安全、适宜，并能够支持幼儿的活动和学习。在材料选择过程中，教师应优先选择那些能够激发幼儿兴趣、促进他们学习和发展的材料。例如，阅读区应配置各种适龄的图书和绘本；艺术创作区应提供丰富的绘画和手工材料，如彩纸、颜料、画笔；科学探索区应配备各种实验工具和材料，如放大镜、显微镜、磁铁和简单的化学实验器材。材料的配置应考虑到各个活动区域的特点和需求。教师应合理安排材料的摆放位置，确保幼儿能方便地取用和归还。例如，绘本等应放置在幼儿易于拿取的位置，绘画工具应分类摆放在不同的储物盒中，科学实验材料应按照用途和种类分开放置，以便幼儿在使用时轻松找到所需材料。教师还应定期更新材料，以保持活动区域的新鲜感和吸引力。不断引入新的材料和设备，能够激发幼儿的好奇心和探索欲望，助力他们在活动中持续获得新的体验和学习机会。

（四）安全检查与调整

在布局完成后，教师应进行全面的安全检查，确保所有区域都符合安全标准，并根据实际使用情况进行调整和优化。安全检查的内容包括但不限于地面材料的防滑性、家具稳固性、边角处理情况、通道畅通情况及设备的安全性。

安全检查的目的是确保所有材料和设备在使用过程中不会对幼儿造成伤害。因此，教师应定期对活动区域进行检查和维护，及时发现和消除潜在的安全隐患。例如，检查设备和玩具的完好性，修复或更换损坏的物品，确保电源插座和电器设备的安全性，等等。这样能够确保活动区域始终处于安全状态，从而为幼儿提供一个无忧的学习和活动环境。根据实际使用情况，教师应对活动区域进行必要的调整和优化。例如，某些活动区域在使用过程中可能会出现材料短缺的情况，教师应及时进行调整，以确保活动区域的功能性和实用性。教师还应根据幼儿的兴趣和需求变化，灵活调整各个区域的设置和材料配置，以最大限度地满足幼儿的学习和活动需求。

三、班级活动区域空间规划中应注意的问题

在进行班级活动区域空间规划时，教师需要注意一些问题，以确保规划出的区域既能满足幼儿的需求，又能促进他们的全面发展。以下是班级活动区域空间规划中应注意的几个主要问题（图3-28）。

增强各活动区域之间的互动性

提高空间利用率

营造丰富的学习环境

保持环境整洁、有序

图 3-28　班级活动区域空间规划中应注意的问题

（一）增强各活动区域之间的互动性

在幼儿园班级活动区域空间规划中，增强各活动区域之间的互动性至关重要，因为这影响着幼儿的学习效率和整体发展。每个活动区域都应有明确的功能分界，同时保持足够的开放性，以便幼儿能够自由地在各区域之间流动和互动，从而提升他们的参与度，丰富他们的体验感。例如，阅读区与艺术区相邻的设计可以极大地丰富幼儿的学习体验。在这样的布局下，幼儿可以在阅读区读完故事书后，移步至艺术区，将阅读内容通过绘画或制作手工艺品的形式进行创造性表达。这种从阅读到创作的无缝连接不仅能加深幼儿对故事的理解，还能激发他们的创造力。同理，科学探索区与游戏区的相邻设计也有助于丰富幼儿的学习体验。幼儿在科学探索区探索自然现象或科学原理后，可以直接进入游戏区，通过相关的角色扮演或模拟游戏来加深对科学概念的理解和应用。这样的设计使得学习过程更加有趣和连贯，从而提升幼儿的学习兴趣和学习成效。

在设计这些活动区域时，教师应考虑幼儿的行为特点和活动习惯，合理规划空间布局和动线。动线设计应确保幼儿在各区域之间移动自如，无障碍的通道和视觉上的连贯性都是重要因素，它们不仅能促进区域之间的物理和视觉连接，还能增强空间的整体功能性和美观性。教师还应考虑充分利用自然光和室内照明，创造一个既安全又充满活力的学习环境。合适的光线不仅能改善孩子的视觉体验，还能增强空间的温馨感，从而增强幼儿的幸福感和归属感。

（二）提高空间利用率

通过合理的布局和灵活的家具配置，既可以确保每个区域都有足够的活动空间，又可以避免不必要的空间浪费。接下来将详细探讨如何通过多功能家具、可移动设备和有效的空间规划来提高幼儿园内部的空间利用率。

多功能家具是优化空间的有效方法。例如，折叠桌椅可以在需要时拿出来供孩子们绘画、写作或集体活动使用，活动结束后可折叠存放，不占用活动空间。可移动书架可以根据日常活动需要灵活调整位置，如在阅读时间移至阅读区，在需要更多空间进行体育活动时则可推移到一边。多功能储物柜不仅可以存放教具和玩具，还可以作为活动隔断使用，快速改变空间布局。有效利用教室的墙面和角落空间同样重要。墙面可以安装储物架和展示板，不仅可以用来展示孩子们的作品，还可以用来放置教学材料和书籍，这样既增加了存储空间，也使得教室看起来更加有序和更具吸引力。角落处可以设置为阅读区或休息区，或者作为一个安静的学习角落为孩子们提供一个放松空间。

为了确保空间的最优利用，教师在设计时需要充分考虑活动区域的实际使用情况和孩子们的需求，包括了解哪些区域的使用频率高，哪些区域的使用评价低。如果发现某个区域经常空置，可以考虑将其转变为孩子们感兴趣的创意艺术区或科学实验站，以增加该区域的使用率和功能性。随着孩子们的成长和教学计划的变化，原有的空间配置可能不再适应新的教学需求。通过定期的评估和调整，可以确保每个区域能根据最新的教学目标和孩子们的兴趣得到有效使用。

（三）营造丰富的学习环境

精心设计的活动区域不仅可以提高视觉吸引力，还可以增强环境的教育功能，从而激发幼儿的学习兴趣，提升他们的参与感。在阅读区，建一个主题墙是激发幼儿阅读兴趣的有效方式。这个主题墙上可以装饰上幼儿喜欢的书籍或故事。例如，如果幼儿正在阅读一本关于海洋生物的书，主题墙可以装饰成海底世界的样子，挂上海星、海草和不同鱼类的图案，使孩子们感觉仿佛置身故事中。在艺术区，展示幼儿的画作和手工艺品是鼓励他们提升创造力和自我表达的好方法。这不仅能让幼儿感到自己的作品被珍视，还能增强他们的成就感和自信心。艺术区可以定期更换展出的作品，保持展览的新鲜感和动态性，激励幼儿持续创作新的艺术作品。科学探索区的设计应着重于实验和探究活动。这一区域可以设置各种科学图表和实验模型，如太阳系模型、电路板、植物生长周期图等。这些教具不仅能帮助幼儿直观地理解科学原理，还能激发他们的好奇心和探索欲望。例如，通过观察一个小型的生态系统模型，幼儿可以学习到生物间的相互依赖关系及其环境适应性。各个活动区域还可以利用数字媒体和交互式技术来丰富学习资源。例如，利用触摸屏幕展示互动式教育游戏或虚拟实境体验，让幼儿通过游戏了解复杂的概念。

通过上述方法，教师可以为幼儿营造丰富的学习环境。这种环境不仅能激发幼儿对学习的兴趣，还能通过对幼儿各种感官的刺激促进他们认知、社交和情感技能的发展，从而帮助幼儿更好地了解周围世界，为他们的终身学习和发展奠定坚实的基础。

（四）保持环境整洁、有序

环境的整洁、有序不仅关系到幼儿的健康和安全，还影响到他们的学习效率和行为习惯的培养。教师应采取一系列措施，确保每个活动区域都能维持良好的环境条件。

教室内的各个活动区域需要定期进行清洁和整理，包括清扫地面、擦拭家具以及教具的消毒等，确保教室卫生达标，避免疾病的传播。具体来说，教师可以制定一个详细的清洁时间表，明确每天、每周和每月的清洁任务和责任人，如每日清扫地面和整理桌椅，每周进行玩具和教具的深度清洁，每月进行窗帘和地毯清洗。所有材料和设备应该有固定的分类存放位置，便于幼儿在使用后按类归还。例如，画笔和颜料放在艺术区易于幼儿拿取的低柜中，书本归放在阅读区的书架上，科学实验用具存放在科学区的专用容器中。通过标签和图片指示，帮助幼儿知晓每个物品的存放地，培养他们的整理能力和自律性。

教师可以设立一个专门的整理区，引导幼儿学习如何正确地整理和归类物品。这个区域可以配备分类箱、标签和教学示范用具，教师通过实际操作，引导幼儿学习整理技巧。这不仅有利于幼儿学会管理自己的物品，还有利于教会他们如何维护公共环境的整洁。教师应为幼儿树立良好的榜样，积极参与清洁和整理工作，同时在日常教学中不断强调整洁的重要性，以引导幼儿养成良好的卫生习惯和行为规范。例如，可以在游戏或活动开始前和结束后设立短暂的整理时间，鼓励每个幼儿参与清理和整理，让他们感受到秩序的价值和自己的责任感。

第三节　班级活动区域材料的选择与投放

在幼儿园班级活动区域的设计中，材料的选择与投放是确保环境安全性与富有教育意义的关键因素。科学合理的材料不仅能够激发幼儿的兴趣，还能支持他们多方面的发展。

一、材料选择的原则

为了确保材料的选择能够达到最佳效果，教师需要遵循一定的原则，科学合理地进行材料的挑选与投放。以下为材料选择的具体原则（图3-29）。

安全性原则　　适龄性原则　　多样性原则　　教育性原则

图 3-29　材料选择的原则

（一）安全性原则

幼儿园需要为幼儿提供一个安全、无忧的学习和活动空间。因此，所有材料应符合国家安全标准，不能含有如重金属、甲醛等有害物质。材料的边缘应光滑、无尖锐角，以防止幼儿在使用过程中受伤。举例来说，木质玩具的表面应经过精细打磨，塑料制品应无破损，布质材料应耐磨且无毒。材料的安全性还涉及材料的物理特性。例如，选用的塑料制品应具有足够的韧性，不易破裂；木质材料应经过防霉、防蛀处理；金属材料应避免锋利边缘。对于容易松脱的小部件，应确保其不会被幼儿误吞。此外，教师在日常管理中应定期检查和维护活动材料，及时发现并更换存在安全隐患的物品，从而为幼儿提供一个持久安全的活动环境。

（二）适龄性原则

不同年龄段的幼儿在认知、语言、运动等方面的发展水平各异，教师应根据这些差异选择适宜的活动材料。例如，对于3～4岁的幼儿，可选择一些色彩鲜艳、形状简单的积木和拼图，这些材料可以帮助他们发展基本的认知能力和手眼协调能力。对于5～6岁的幼儿，可以选择一些更具挑战性的材料，如复杂的拼装玩具、科学探索工具等，以满足他们更高层次的探索需求。

适龄性不仅应考虑材料的复杂性，还应考虑材料的趣味性。材料应既能激发幼儿的兴趣，还能在使用过程中给予他们适度的挑战，从而促进他们的成长和发展。举例来说，活动区域内的游戏材料应满足开展不同层次的活动，从简单的角色扮演到复杂的建构游戏，以满足不同年龄段幼儿的需求。同时，教师应灵活调整材料的配置，及时更换或补充新的活动材料，以保持幼儿的兴趣和探索欲望。

（三）多样性原则

多样性的材料不仅能够激发幼儿的兴趣，还能促进他们在不同领域的发展；多样性的材料不仅能使幼儿的活动更加丰富多彩，还能促进他们在活动中互相交流和合作。例如，在建构游戏区，不同形状和材质的积木可以激发幼儿的创造力和想象力，同时需要他们在合作中进行沟通和协调，从而增强他们的沟通协调能力。多样性的材料还能帮助幼儿在探索中发现自己的兴趣和特长，从而促进他们的个性化发展。教师应根据幼儿的兴趣和需求，不断更新和补充活动区域的材料，保持活动的多样性和新鲜感。

（四）教育性原则

材料的选择应注重其教育价值，确保能够支持幼儿的学习和发展目标。教师应选择那些能够促进幼儿认知、情感、社交和身体发展的材料。例如，拼图和积木可以帮助幼儿发展空间认知和手眼协调能力，角色扮演道具可以帮助幼儿发展社交技能和情感表达能力，绘画和手工材料可以帮助幼儿发展创造力和艺术表现力，科学实验工具可以帮助幼儿培养探索精神和科学思维。

材料的选择还应考虑其功能性和灵活性。例如，积木既可以用于建构游戏，也可以用于角色扮演或科学探索，从而帮助幼儿在不同的活动中实现多种学习目标。教师应注重材料的教育性，在设计和布置活动区域时，合理组合不同类型的材料，形成一个有机的学习环境。例如，在语言学习区，可以结合图书、文字卡片和多媒体设备，形成一个多感官的学习环境，帮助幼儿在阅读、听说、写作等方面全面发展。

教师在选择和投放材料时，应注重观察和记录幼儿的使用情况，根据幼儿的反应和需求及时调整和改进活动材料，确保材料能够有效支持幼儿的学习和发展目标。对于那些能够引发幼儿强烈兴趣和积极参与的材料，可以增加其数量和种类；对于那些使用频率较低或效果不佳的材料，可以进行调整或替换。通过不断优化材料的选择和配置，教师可以为幼儿提供一个丰富多彩、充满教育意义的活动环境，帮助他们在游戏中快乐成长。

二、材料投放的策略

在幼儿园的教育过程中，班级活动区域的材料选择和投放不仅关系到幼儿的兴趣培养，还影响他们的学习效果和全面发展。精心设计的材料投放策略可以为幼儿提供丰富的探索机会和实践体验，使他们在游戏中获得知识的丰富和技能的提升。为了实现这一目标，教师需要掌握科学的材料投放策略。下面详细探讨如何通过定期更新、分类投放、适量投放、引导幼儿正确使用材料和创设情境五大策略（图3-30），有效提升班级活动区域的教育效果。

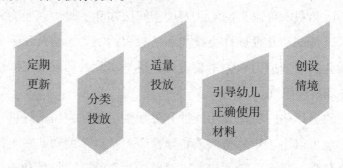

图3-30　材料投放的策略

（一）定期更新

材料的定期更新不仅能激发幼儿的好奇心和探索欲，还能不断为他们提供新的学习机会和挑战。教师应定期检查活动区域的材料，确保这些材料的内容和质量始终处于最佳状态。这样做不仅能保持活动区域的吸引力和新鲜感，还能根据幼儿的需求和兴趣变化，提供更具针对性的活动材料。

在实践中，定期更新材料应考虑到季节变化、节日活动以及幼儿的成长与发展。例如，季节变换时，可以更新自然探索区的植物和动物模型，以适应当前季节的主题。春季可以增加种子和常见植物，夏季可以展示昆虫和水生植物，秋季可以放置落叶和果实，冬季则可以展示雪花和冬眠动物的模型。通过这些季节性材料的更新，幼儿能够更直观地感受自然界的变化，深化他们对自然的认识。节日期间可以增加与节日相关的手工材料和装饰品，增强节日氛围。例如，春节期间，可以准备剪纸、灯笼制作材料和红包，帮助幼儿了解传统节日的文化内涵。通过节日主题的材料更新，幼儿不仅能参与丰富多彩的节日活动，还能加深对不同文化和传统的理解。活动区域内的材料由于使用频繁，可能会出现磨损，教师应及时更换这些材料，确保幼儿在使用过程中不会因为材料问题受到伤害。例如，破损的积木可能会产生尖锐的边缘，劣质的颜料可能会对皮肤产生刺激，这些都是需要及时处理的问题。此外，对那些使用频率较低或不再受到幼儿欢迎的材料，也应及时进行调整或替换，以提高材料的利用率和教育效果。例如，幼儿可能会在一段时间后失去对某些玩具的兴趣，教师应考虑用新的玩具或活动材料来替换，以重新激发幼儿的兴趣和参与度。

在实施定期更新策略时，教师可以邀请幼儿参与材料的选择和更新。这不仅能提高幼儿的自主性和参与感，还能帮助教师更好地了解幼儿的兴趣和需求。此外，教师还可以组织"材料交换日"活动，让幼儿自己挑选和交换活动材料，从而增强他们的积极性和参与感。

（二）分类投放

根据不同活动区域的功能和需求，教师应有针对性地进行材料的投放。每个活动区域都有其特定的教育目标和功能需求，因此，分类投放材料可以更好地支持这些目标的实现。

在角色游戏区，角色扮演道具的投放是关键。角色扮演是幼儿社会化发展的重要途径，通过模拟现实生活中的角色和情境，幼儿可以学习和体验不同社会角色的行为和职责。教师可以提供医生工具箱、厨具玩具、服装等道具，让幼儿扮演医生、厨师等角色，从中学习基本的生活技能和社交技巧。教师还可以根据幼儿的兴趣和需求，增加一些特定职业的道具，如消防员、警察、建筑工人等，帮助幼儿了解更多职业的特点和职责。

在阅读区，适龄的图书和绘本是必不可少的材料。阅读不仅能培养幼儿的语言能力，还能开阔他们的视野，激发他们的想象力和创造力。教师应根据幼儿的年龄和认知水平，选择适合他们的图书和绘本。例如，对于 3～4 岁的幼儿，可以选择一些图画丰富、文字简单的绘本，通过图文结合的方式帮助他们理解故事内容；对于 5～6 岁的幼儿，可以选择一些文字较多、情节较复杂的故事书，以培养他们的阅读能力和理解力。教师还可以根据幼儿的兴趣，选择一些主题性强的图书，如动物故事、科学探索、历史传记等，进一步激发他们的阅读兴趣。

在艺术创作区，各种绘画和手工材料的投放可以激发幼儿的创造力和艺术表现力。教师应提供丰富多样的绘画工具和材料，如颜料、画纸、彩笔、蜡笔、剪刀、胶水等，鼓励幼儿自由创作和表达自己的想法。例如，可以设置一个绘画墙，让幼儿在墙上创作自己的作品；可以提供一些废旧材料，让幼儿利用这些材料进行手工制作，培养他们的环保意识和创新能力；还可以组织一些主题创作活动，如节日主题绘画、自然主题手工制作等，激发幼儿的创作灵感和兴趣。

分类投放材料还应考虑活动区域的布局和空间利用。合理的布局和空间安排不仅能提高活动区域的利用效率，还能为幼儿提供一个舒适、方便的活动环境。在建构区，教师可以根据空间的大小和幼儿的活动需求，合理安排积木、拼装玩具等材料的位置，确保幼儿在建构过程中有足够的活动空间和操作便利性。在科学探索区，教师可以设置不同的实验台和观察角，分类摆放科学实验工具和自然观察材料，便于幼儿进行科学探究和实验操作。例如，教师可以设置一个摆放各种植物模型和种植工具的植物观察角，让幼儿通过观察和记录，了解植物的生长过程和特点；还可以设置一个小实验台，提供显微镜、试管等实验工具，让幼儿在实验中探索自然科学的奥秘。

（三）适量投放

材料的投放应控制在适量的范围内，避免过多或过少。适量的材料不仅能让幼儿在活动中保持专注和有序，还能最大化地发挥活动区域的教育功能。投放过多的材料容易导致幼儿难以集中注意力，从而影响他们的活动效果；投放过少的材料则会限制幼儿的活动和探索，无法充分发挥活动区域的教育功能。因此，教师应根据幼儿的需求和活动情况，合理控制材料的投放量，以达到最佳的教育效果。

适量投放还应考虑材料的种类和复杂性。在角色游戏区，教师可以根据幼儿的兴趣和活动主题，选择适量的角色扮演道具和服装，避免投放过多无关的材料，干扰幼儿的角色扮演。角色游戏区的材料应围绕特定的主题进行投放，如医院、超市、家庭等，通过提供相关的道具和服装，帮助幼儿更好地进入角色。例如，以医院为主题时，教师可以投放白大褂、听诊器、药箱等道具，让幼儿在游戏中体验医生的角色，学习基本的医疗知识和技能。在建构区，适量的积木可以帮助幼儿发展空间认知和手眼协调能力，同时也能激发他们的创造力和想象力。例如，对于 3～4 岁的幼儿，可以提供一些大块的积木，让他们进行简单的建构活动；对于 5～6 岁的幼儿，可以提供一些小块的积木和拼装玩具，让他们进行更复杂的建构活动。在建构过程中，教师还可以根据幼儿的需求和活动情况，适时调整和补充材料，以保持建构活动的挑战性和趣味性。

适量投放还需要考虑材料的更新和替换。教师应定期检查活动区域的材料，及时更换那些使用频率较低或不再受幼儿欢迎的材料，以提高材料的利用率和教育效果。

（四）引导幼儿正确使用材料

教师应通过示范和指导，引导幼儿正确使用材料，确保这些材料能够发挥其应有的教育作用。通过引导使用，教师可以帮助幼儿理解材料的用途和操作方法，提高他们的操作能力和活动效果。例如，在科学探索区，教师可以示范如何使用显微镜观察昆虫标本，解释显微镜的基本原理和操作步骤；在艺术创作区，教师可以示范如何运用不同的绘画工具和技巧，以引导幼儿进行创作。引导使用还包括对幼儿活动过程的观察和反馈。教师应关注幼儿在活动中的表现，并及时提供帮助和指导，纠正幼儿错误的操作方法，鼓励幼儿尝试新的方法和技巧。例如，在建构区，教师可以观察幼儿的建构过程，提供适当的建议和指导，帮助他们克服困难，完成更复杂的建构作品。在角色游戏区，教师可以参与幼儿的角色扮演，通过互动交流，引导幼儿更深入地体验角色，发展社会技能和情感表达能力。

（五）创设情境

创设情境不仅能激发幼儿的兴趣，还能提供丰富的学习机会，促进他们的认知和情感发展。通过营造充满真实感和意义感的活动场景，教师能够让幼儿在游戏中体验不同的角色，发展社会技能和问题解决能力。

在角色游戏区，教师可以布置各种充满真实感的场景，如家庭、医院或超市，并投放相应的道具和材料，引导幼儿进行角色扮演和情境游戏。家庭场景包括厨房用具、餐具、娃娃等，模拟家庭生活中的各种情景。幼儿在扮演家庭成员的过程中，可以学习基本的生活技能，发展沟通能力。医院场景包括医生工具箱、病床、药品等，幼儿可以选择扮演医生、护士和病人。通过模拟医院的工作情景，幼儿可以学习简单的医疗知识，理解健康和护理的重要性，并发展关心他人的情感。超市场景包括货架、收银台、购物篮等，提供各种商品的模型，幼儿可以扮演顾客和店员，学习购物，理解商业和服务的概念。

情境创设还可以结合幼儿的兴趣和生活经验，设计充满意义感的活动。在科学探索区，教师可以创设一个小小科学家的实验室，投放各种科学实验工具和材料，引导幼儿进行科学探究和实验操作。实验室包括显微镜、试管、放大镜、量杯等设备，幼儿可以通过观察和实验，探索自然界的奥秘。教师可以引导幼儿观察植物的生长过程，了解光合作用的原理；也可以通过简单的化学实验，帮助幼儿认识物质的变化和反应。通过这些科学活动，幼儿不仅能增长知识，还能培养科学思维和探究精神。在艺术创作区，教师可以创设一个小小画家的工作室，提供各种绘画工具和材料，鼓励幼儿进行艺术创作和表现。工作室包括画架、颜料、画笔、画纸等，幼儿可以在自由创作中表达自己的情感和想法。教师可以引导幼儿通过绘画和手工制作，探索不同的艺术形式和技巧，如水彩画、蜡笔画、剪纸、黏土雕塑等。通过这些艺术活动，幼儿不仅能提升创造力和艺术表现力，还能发展审美能力和审美趣味。

在创设情境的过程中，教师不仅是环境的设计者和材料的提供者，还是活动的引导者和参与者。教师需要通过观察和互动，了解幼儿的兴趣和需求，及时调整和优化情境设计。在角色游戏中，教师可以参与幼儿的角色扮演，并通过互动与交流，帮助幼儿理解角色的行为和职责，解决游戏中遇到的问题。在科学实验中，教师可以通过示范和指导，帮助幼儿掌握实验的基本操作和科学原理，鼓励他们提出问题和进行探究。在艺术创作中，教师可以通过点评和建议，激发幼儿的创作灵感，帮助他们提升艺术技巧和表现力。通过情境创设，教师可以为幼儿提供一个充满趣味和挑战的活动环境，激发他们的学习动机和创造力。情境创设不仅能让幼儿在游戏中获得知识和技能，还能促进他们的社会化发展和情感成长。通过扮演不同的角色，幼儿可以学习和体验各种社会行为和规范，发展合作和沟通能力，增强自信心和责任感。

三、材料投放中应注意的问题

为了充分发挥材料的教育功能，教师需要从科学安排材料位置、注重材料的更新、保障材料的充足、确保材料的完整以及鼓励幼儿参与材料管理等多个方面入手（图3-31），构建一个富有吸引力和教育价值的班级活动环境。

图3-31　材料投放中应注意的问题

（一）科学安排材料位置

科学安排材料位置不仅能方便幼儿取用，还能提高活动的效率和质量。教师需要根据活动区域的功能和使用频率，科学安排材料的位置。常用的材料应放置在幼儿容易拿到的地方，确保他们在需要时能够快速、方便地获取；不常用的材料可以放在稍高的位置或较为隐蔽的地方，以免影响常规活动的顺利进行。材料的位置安排还需要考虑到幼儿的身高和行为习惯。教师应尽量将不同类型的材料分门别类地摆放，标明清晰的取放区域和规则。例如，绘画区的画笔、颜料应集中摆放在一个特定的区域，并且高度适中，方便幼儿随时取用。这样不仅能使活动区域更加有序和高效，还能培养幼儿的整理习惯。

科学安排材料位置，还可以减少教师的工作量，使他们有更多的时间和精力专注于观察和指导幼儿的活动表现。此外，科学安排材料位置还能有效利用空间，提高班级活动区域的整体利用率，为幼儿提供一个更加宽敞、自由的活动环境。

（二）注重材料的更新

教师应定期更换材料，以保持幼儿对活动的兴趣。通过不断引入新的材料，教师可以持续激发幼儿的好奇心和探索欲，避免幼儿对现有材料产生厌倦感。为了实现材料的有效更新，教师可以结合不同的主题活动和季节变化，选择适合的材料进行投放。在春季，可以引入与自然相关的材料，如花卉、叶子和小昆虫模型，以引导幼儿观察和探索自然界的变化。在节日期间，可以投放与节日相关的装饰品和手工材料，激发幼儿的创作灵感和节日情感。材料的更新不仅包括引入新的物品，还包括对现有材料的重新组合和创新使用。教师可以通过不同的组合方式，赋予原有材料新的功能和意义。例如，将积木和塑料瓶结合，鼓励幼儿制作不同形状的建筑物和装饰品，从而增强他们的创意能力和动手能力。

（三）保障材料的充足

材料的充足性是确保幼儿园班级活动顺利进行的重要前提。教师应根据班级人数和活动需求，合理准备和补充材料，以满足所有幼儿的使用需求。特别是在集体活动中，材料的数量必须足够，以免幼儿之间因争抢玩具发生不愉快。

为了保证材料的充足，教师需要进行细致计划和安排。首先，教师应根据每个活动区域的实际情况，预估所需材料的种类和数量，并做好充分准备。其次，教师需要定期检查和补充材料，确保每次活动前材料的充足和完好。比如，教师可以设置专门的材料管理人员或小组，负责统计材料的使用情况，并及时反馈给教师。这样，不仅可以提高材料的利用率，还能使幼儿在参与材料管理的过程中学会合理分配和使用资源。

（四）确保材料的完整

在材料的选择和投放过程中，教师应确保所有材料的完好无损，避免使用破损的材料。为了确保材料的完整，教师需要定期检查和维护材料，及时修补和更换损坏的部分。在日常活动中，教师应注意观察幼儿使用材料的情况，发现问题及时处理。比如，教师如果发现某个玩具出现了破损，应立即收回并进行修理或更换，以免幼儿在使用过程中受到伤害。教师还应通过制定规则，指导幼儿正确使用和保管材料，减少材料损坏的可能性。确保材料的完整不仅能够提升活动的质量，还能为幼儿提供一个安全的活动环境。教师应定期组织材料检查和清理活动，并邀请幼儿一起参与，让他们了解材料的使用和维护方法，从而增强他们的责任感和安全意识。

（五）鼓励幼儿参与材料管理

鼓励幼儿参与材料管理，有利于培养他们的责任感和自律能力。

在管理材料的过程中，教师可以安排幼儿轮流担任"材料管理员"，负责检查和整理活动区域的材料。这不仅能使幼儿学会如何整理和保管材料，还能培养他们的领导能力和团队合作精神。通过这种方式，幼儿能够在实际操作中掌握材料管理的方法和技巧，并逐步形成良好的行为习惯。教师还可以设置奖励机制，鼓励幼儿积极参与材料管理。比如，可以定期评选"最佳材料管理员"，并给予适当的奖励，以激励其他幼儿的参与热情。通过这种方式，幼儿不仅能够在游戏中学到知识，还能在实践中培养良好的品质和能力。通过共同努力，班级活动区域将成为一个既有趣又富有教育意义的环境，为幼儿的全面发展提供有力支持。

第四节 自主性区域环境的创设

自主性区域指的是为幼儿提供一个自由探索、自主选择和独立活动的空间，使他们能够按照自己的节奏和兴趣进行学习和游戏。通过精心设计和合理安排，自主性区域能激发幼儿的兴趣和好奇心，培养他们的自我管理能力和社会交往能力。自主性区域活动在促进幼儿身心发展中的作用，越来越受到教育者的关注。其中，夏秀琴强调要加强自主性区域活动环境的创设，发挥环境在幼儿身心发展中"第三位老师"的作用，从而促进幼儿潜能的释放。[①]

一、自主性区域环境的特点

自主性区域环境的特点主要包括自主性、开放性、多样性和互动性（图 3-32）。自主性区域环境不仅能够为幼儿提供一个自主活动和探索的空间，还能够促进他们在各个领域的全面发展。

自主性 开放性 多样性 互动性

图 3-32 自主性区域环境的特点

（一）自主性

在自主性区域环境中，幼儿的自主性体现在他们可以自主选择和安

---

① 夏秀琴. 浅议创造适宜的自主性区域活动环境引发幼儿潜能释放 [J]. 科学大众（科学教育）,2014(12): 118.

排自己的活动。这种自由选择有利于增强他们的决策能力和自我管理能力，激发他们的探索兴趣和动机。自主性区域环境为幼儿提供了一个宽松自由的空间，使他们可以根据自己的兴趣和需求选择参与不同的活动。在这样的环境中，幼儿不仅能够享受探索和发现的乐趣，还能通过不断地尝试和调整，培养问题解决能力和创新精神。通过自主选择和安排活动，幼儿能够更好地理解和掌握所学知识与技能，同时能提高他们的自信心和独立性。自主性区域环境还强调幼儿的独立操作和自主探索。教师应为幼儿提供各种活动材料和资源，鼓励他们在自主探索中发展自己的兴趣和能力。在这样的环境中，幼儿可以自由地进行各种尝试和实验，从而不断发现和解决问题，进而培养自我调节和自我管理能力。通过不断的自主探索，幼儿能够逐步形成良好的学习习惯和学习态度，从而为他们的终身学习打下坚实的基础。

（二）开放性

一个开放的环境不仅能为幼儿提供一个宽敞、自由的活动空间，还能为他们的自主活动和探索提供更多的可能性。开放的环境设计应避免过多的限制和约束，以让幼儿在一个宽松、自由的氛围中进行自主活动。在这样的氛围中，幼儿可以自由地选择和安排自己的活动，从而更好地发挥他们的创造力和想象力。开放的环境不仅能促进幼儿的自由表达和创造力，还能增强他们的自信心和探索精神。通过在开放环境中的自主活动，幼儿可以更好地理解和掌握所学知识与技能，同时能增强他们的自信心与独立性。开放的环境设计还应注重空间的合理利用和布局。教师应根据幼儿的兴趣和需求，合理安排活动区域和活动内容，确保每个区域都有足够的空间和资源供幼儿进行自主活动。在开放的环境中，幼儿可以自由地进行各种活动和探索，从而不断发现和解决问题。

（三）多样性

自主性区域环境的多样性不仅能为幼儿提供丰富的活动选择，还能满足他们多样化的兴趣和需求。教师应根据幼儿的兴趣和需求，选择和提供各种活动材料和资源，以激发幼儿的兴趣和好奇心。在这样的环境中，幼儿可以自由选择和参与不同的活动，从而在不同领域得到全面发展。活动的设置也应强调多样化，体现在活动内容和形式的多样化上。教师应根据幼儿的兴趣和需求，设计和提供各种形式的活动，如游戏、实验、手工制作等，让幼儿在多样化的活动中得到全面发展。在多样化的活动中，幼儿不仅能够发展自己的动手能力和创造力，还能提高自己的思维能力和问题解决能力。

（四）互动性

在互动性强的环境中，幼儿不仅能够进行自主活动和探索，还能够与同伴进行交流和合作，从而学会如何与他人分享、协作，进而增强他们的社交能力。

互动性强的环境设计应注重活动内容和形式的互动性。教师应设计各种形式的互动活动，如合作游戏、团队任务等，让幼儿在互动与合作中得到全面发展。在互动与合作的过程中，幼儿不仅能够发展自己的社交能力和团队合作精神，还能提高自己的沟通能力和问题解决能力。互动性强的环境设计还应注重合作与交流的氛围营造。教师应通过营造一个开放、宽松的环境，鼓励幼儿在自主活动中进行互动与合作，从而更好地发挥他们的创造力和想象力。

二、自主性区域环境创设中需要注意的问题

自主性区域环境创设中需要注意的问题包括鼓励幼儿自主探索、尊重幼儿的个性与选择、为幼儿提供适宜的支持与指导、营造积极的学习

氛围以及鼓励合作与交流等（图 3-33）。

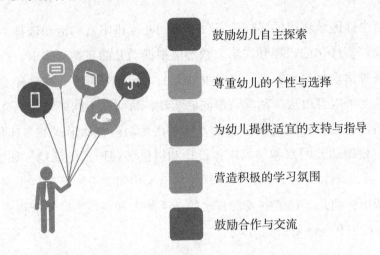

鼓励幼儿自主探索

尊重幼儿的个性与选择

为幼儿提供适宜的支持与指导

营造积极的学习氛围

鼓励合作与交流

图 3-33　自主性区域环境创设中需要注意的问题

（一）鼓励幼儿自主探索

自主性区域环境应提供丰富的活动材料和资源，鼓励幼儿根据自己的兴趣和需求进行自主探索和学习。教师应提供多样化的材料，激发幼儿的好奇心和探究欲，培养他们的自主学习能力和创新精神。通过自主探索，幼儿能够发展独立思考和问题解决能力，增强他们的创造力，发展他们的批判性思维。

在自主性区域环境中，幼儿能够接触各种各样的活动材料和资源，这些材料和资源应具有开放性和挑战性，从而吸引幼儿主动参与和探索。教师在设计和选择活动材料时，应充分考虑幼儿的兴趣和发展需求，提供那些能够激发他们好奇心和探究欲的材料。例如，科学探究区可以提供显微镜、放大镜、各种自然物样本等，让幼儿通过观察和实验，探索自然界的奥秘。通过这样的自主探索活动，幼儿不仅能够获得丰富的知识和经验，还能够发展他们的独立思考和问题解决能力。为了鼓励幼儿自主探索，教师应营造一个宽松、自由的学习环境。在这样的环境中，幼儿可以自主决定参与什么样的活动，如何进行操作和探索，从而更好地发挥他们的创造力和想象力。通过自主探索，幼儿能够不断发现和解决问题，从而提高他们的批判性思维和创新能力。

尽管自主性区域环境强调幼儿的自主性，但教师的支持和引导仍必不可少。教师可以通过提问、示范、讨论等方式，帮助幼儿更好地理解和掌握活动材料的用途和操作方法。例如，在建构区，教师可以通过示范如何搭建复杂的结构，引导幼儿思考和解决在搭建过程中遇到的问题，从而提高他们的操作能力，达到更好的活动效果。通过这样的支持和引导，幼儿能够在自主活动中获得更好的体验和更强的成就感。

（二）尊重幼儿的个性与选择

在自主性区域环境中，幼儿的个性与选择应得到充分尊重。每个幼儿都有其独特的兴趣、爱好和发展需求，教师应尊重幼儿根据他们自己的兴趣和需求做出的选择和安排，从而充分发挥他们的潜力和创造力，促进他们的个性化发展。教师在尊重幼儿的个性与选择时，应注重提供多样化的活动材料和资源，以满足幼儿多样化的兴趣和需求。比如，艺术区应提供各种绘画工具、手工材料、雕塑材料等，以使幼儿自由选择他们自己感兴趣的材料和活动，从而更好地发挥他们的创造力和想象力，增强他们的自尊心和自信心。教师在尊重幼儿的个性与选择时，还应根据幼儿的兴趣和需求，安排各种形式和内容的活动，激发幼儿的兴趣和参与积极性。比如，可以设计一些主题活动，如"自然探秘""社区探险"等，让幼儿在参与这些活动的过程中，发展他们的自主性和独立性，从而促进他们的个性化发展。

（三）为幼儿提供适宜的支持与指导

在自主性区域环境中，教师应提供适宜的支持与指导。教师可以通过示范、提问、讨论等方式，帮助幼儿更好地理解和掌握活动材料的用途和操作方法。这样，幼儿可以在教师的支持与指导下，自主进行各种活动和探索，从而不断发展他们的操作能力和问题解决能力。

教师在提供支持与指导时，应注重适度、适时，避免过多地干预和控制。自主性区域环境强调幼儿的自主性，教师的支持与指导应以激发和引导为主，而不是替代和控制。教师应通过观察和记录，了解幼儿的兴趣和需求，及时提供适当的支持和指导，并在提供支持与指导时注重个性化和差异化，因为每个幼儿都有其独特的兴趣、爱好和发展需求。例如，在艺术区，教师应根据幼儿的绘画风格和技巧，提供个性化的指导和建议，帮助他们更好地发挥自己的创造力和想象力。

（四）营造积极的学习氛围

在自主性区域环境中，积极的学习氛围是激发幼儿学习兴趣和积极性的关键。教师应通过布置和装饰，营造一个温馨、愉快的学习环境。这样的环境不仅能够为幼儿提供一个自由、宽松的活动空间，还能够激发他们的学习兴趣和积极性，从而提高他们的学习效果。

教师在营造积极的学习氛围时，应注重设计各种有趣、富有挑战性的活动，以激发幼儿的学习兴趣和积极性。比如，可以设计一些探究性强的活动，如科学实验、手工制作等，让幼儿在自主活动中发现和解决问题，从而获得成就感和满足感。

（五）鼓励合作与交流

在自主性区域环境中，合作与交流是促进幼儿社交能力和团队合作精神的重要手段。教师应通过提供各种合作与交流平台，鼓励幼儿在自主活动中进行互动合作。比如，角色扮演区可以设置多种情境道具，鼓励幼儿扮演不同的角色，并通过合作完成任务，增强他们的社交技能和团队合作精神。又如，在建构区，幼儿可以通过合作搭建各种结构，培养他们的合作能力，增强他们的自信心。

三、自主性区域环境创设的实践方法

自主性区域环境创设是幼儿园教育的重要组成部分，它不仅影响幼儿的学习方式和发展路径，还直接关系到幼儿的兴趣激发和潜能挖掘。在创设过程中，教师需要根据具体的教育目标和幼儿需求，设计和调整自主性区域环境，以确保其能够最大限度地支持幼儿的自主探索和个性化发展。下面将详细介绍几种实践方法（图3-34），旨在为教师提供具体的操作指南，帮助他们更好地创设和管理自主性区域环境。

以项目为基础的活动设计

灵活调整环境设置

家园合作的深化

多元评价与反馈

环境创设的持续改进

图3-34　自主性区域环境创设的实践方法

（一）以项目为基础的活动设计

教师可以采用以项目为基础的活动设计方式，组织能够持续一段时间的自主性区域活动。这不仅可以激发幼儿的参与兴趣，还能帮助他们在合作与探究中获取深入的学习体验。比如，在"社区探险"项目中，可以设置地图绘制区、社区建筑模型区，让幼儿通过收集绘制地图、建造模型，了解社区的结构和功能。在项目活动中，幼儿需要收集和分析信息，提出问题并寻找答案。在这一过程中，幼儿的探究能力和问题解决能力会得到极大提升。地图绘制区可以提供各种绘图工具和材料，鼓励幼儿根据自己的观察和体验，绘制出社区的地图。这不仅考验了他们的观察力和分析能力，还能锻炼他们的空间认知和绘画能力。社区建筑

模型区可以提供各种建构材料，如积木、纸板、塑料片等，让幼儿在自由建构的过程中，了解建筑物的结构和功能，从而发展他们的动手能力和创造力，培养他们的合作精神和团队意识。

（二）灵活调整环境设置

自主性区域环境的创设应具备适应性，教师需要根据幼儿的实际需求和兴趣变化，灵活调整环境设置。这种灵活性能够确保环境始终适应幼儿的需求和兴趣，使活动区始终充满新鲜感和吸引力。在实际操作中，教师可以通过观察和记录，了解幼儿对不同活动材料的兴趣和需求，当发现幼儿对某种活动材料表现出浓厚兴趣时，可以增加该材料的种类和数量，或者将其作为活动区的核心材料。灵活的环境调整不仅可以保持幼儿的兴趣和参与度，还能促进他们的个性化发展。通过不断调整和优化环境设置，教师可以更好地支持幼儿的自主探索和学习，使他们在自主活动中获得更丰富的体验和成长。

（三）家园合作的深化

教师应积极与幼儿的家长开展合作，共同创设和管理自主性区域环境。比如，家长可以提供家庭中常用的材料和工具，参与自主性区域活动的设计和实施，以增强教育的一致性和有效性。通过家园合作，家庭和幼儿园之间能形成良好的教育互动，助力幼儿获得更多的学习资源和支持。家长的参与不仅能丰富活动材料和资源，还能为活动的设计和实施提供新的视角和灵感。例如，家长可以根据自己的职业和特长，提供一些特殊的材料和工具，或者设计一些有趣的活动和任务，丰富幼儿的学习体验。通过家园合作，幼儿能够获得一个连续的、互补的学习环境，从而获得更全面的发展。

教师在与家长合作时，应注重了解家长的意见和建议，共同探讨和解决问题。比如，可以通过家长会、家长开放日等形式，向家长介绍自主性区域环境的设计理念和实施情况，听取家长的意见和建议，深化家园之间的合作。通过家园合作，教师可以更好地了解幼儿的家庭背景和发展需求，从而提供个性化的支持和指导，促进幼儿的全面发展。同时，家长的参与能增强他们对幼儿教育的理解和支持，提高家庭教育的质量和效果。

（四）多元评价与反馈

在自主性区域环境的创设和管理过程中，教师应采用多元化的评价方式，对幼儿的活动进行持续观察和记录。通过定期的评价与反馈，教师可以了解幼儿的兴趣、能力和发展需求，及时调整和优化区域的设置和活动内容。多元评价不仅能够帮助教师改进教学，还能助力幼儿认识到他们的进步和不足，增强他们的学习动力和自信心。评价方式包括观察记录、作品展示、幼儿自评等。通过这些方式，教师可以全面了解幼儿的活动情况和发展水平，为他们提供有针对性的支持和指导。

在观察记录中，教师可以通过详细记录和分析，了解幼儿在活动中的表现和变化，发现他们的兴趣和需求。比如，教师可以记录幼儿在建构区的活动情况，了解他们的建构能力和兴趣变化，以为下一步的环境调整和活动设计提供依据。

作品展示是评价幼儿活动效果的一种有效方式。教师可以通过展示幼儿的作品，鼓励他们自我表达，增强他们的自信心和成就感。例如，幼儿可以在艺术区展示他们的绘画和手工作品，分享他们的创作过程和感受。通过这样的展示和分享，幼儿不仅可以获得他人的认可和鼓励，还可以从中发现和改进自己的不足。幼儿自评也是一种重要的评价方式。通过引导幼儿进行自我评价，教师可以帮助他们认识到自己的进步和不足，增强他们的自我反思和自我改进能力。例如，教师可以通过提问和讨论，引导幼儿反思他们在活动中的表现和感受，发现他们的优点和需要改进的地方，从而增强他们的学习动机和自信心。

（五）环境创设的持续改进

教师应不断反思和总结自主性区域环境的创设和管理经验，寻找改进的方向和方法。持续改进能够提高自主性区域环境的质量，从而为幼儿提供更加丰富和有益的学习体验。

在反思和总结中，教师可以通过分析幼儿的活动情况和评价结果，发现环境创设中的问题和不足，从而提出改进的方向和措施。如果教师通过分析观察记录和评价结果，发现某些活动材料的使用率较低，或者某些活动区的设置不够合理，则应及时调整和优化环境设置，以提高环境的质量和效果。通过参加专业培训和交流，教师可以学习和借鉴其他幼儿园的优秀经验，提升自己的专业能力和水平。比如，教师可以通过参加一些关于自主性区域环境创设的专题培训和研讨会，学习先进的设计理念和方法，借鉴成功的案例和经验，提高自己的环境创设能力和水平。

在环境创设的持续改进过程中，教师应注重与同事的合作和交流，分享各自的经验和做法，共同探讨和解决问题。例如，通过教研活动、案例研讨等形式，教师可以与同事分享和讨论自主性区域环境创设中的经验和问题，集思广益，提出提高环境创设质量的策略。通过不断反思和改进，教师可以不断提升自主性区域环境创设水平，为幼儿提供更加丰富、有益的学习体验。这不仅有助于提高幼儿的学习效果和发展水平，还能增强教师的专业能力和信心，促进幼儿园教育的整体提升。

四、案例分析

A幼儿园的环境布置存在过度统一和整洁的倾向，忽视了幼儿自主性和个性化发展的需求。因此，该幼儿园决定进行自主性区域环境创设试验，希望可以为幼儿提供更加自由、多样的学习环境。

在环境创设初期，教师团队进行了广泛、深入的调研，了解了国内外先进幼儿园在自主性区域环境创设方面的经验，参观了多所具有先进环境创设理念的幼儿园，详细观察了这些幼儿园的自主性区域环境设置和实际使用情况。同时，教师团队深入学习了相关教育理论，如蒙台梭利教育法、福禄贝尔教育法等，这些理论为自主性区域环境设计提供了重要的理论支持。

根据调研结果和教育理论，教师团队设计了多个自主性区域，包括阅读区、建构区、艺术区、科学探索区、角色扮演区等。这些区域均根据幼儿的兴趣和需求设置，并配备了丰富的材料和工具。例如，阅读区配备了各种图画书、故事书和杂志，并提供了舒适的座椅和地毯，便于幼儿自由选择阅读材料，享受安静的阅读时光；建构区提供了多种类型的积木、拼图和模型，鼓励幼儿通过搭建和构造，发展他们的空间思维和动手能力。在材料的选择和投放方面，教师团队特别注重材料的多样性和开放性。为了激发幼儿的创造力和探索欲，他们选择了多种可供幼儿自由组合和操作的材料。例如，艺术区提供了各种绘画工具、手工材料和废旧物品，幼儿可以根据自己的兴趣和想象，创作出独特的艺术作品。科学探索区配备了显微镜、放大镜、各种自然标本和实验器材，鼓励幼儿通过观察和实验，探索自然界的奥秘。

为了确保自主性区域环境的有效利用，教师团队制定了详细的管理和使用规则。他们在每个区域都设置了简明易懂的标识和使用指南，从而帮助幼儿了解如何正确使用和维护这些区域。例如，在建构区，幼儿需要遵守"搭建完毕后要收拾好积木"的规则；在艺术区，幼儿需要遵守"使用完工具后要清洗干净"的规则。

在自主性区域环境的使用过程中，教师扮演了引导者和支持者的角色。他们通过观察和记录幼儿在各个区域的活动情况，了解每个幼儿的兴趣和发展需求，并根据幼儿的需要提供适时的指导和帮助。例如，当幼儿在建构区遇到搭建困难时，教师会提供一些简单的技巧和建议，帮助幼儿解决问题；当幼儿在阅读区遇到不懂的词汇时，教师会引导他们查阅词典或进行讨论，帮助幼儿掌握新知识。在自主性区域环境的创设过程中，教师还积极邀请家长参与，共同支持幼儿的发展。例如，教师会定期举办家长开放日、家长会等，邀请家长参观和体验自主性区域，并向家长介绍自主性区域的理念和实践，鼓励家长在家庭中也为幼儿提供类似的学习环境。例如，教师建议家长在家中设置一个小小的阅读角，提供丰富的阅读材料，以保持幼儿的阅读兴趣；或者设置一个手工制作区，提供各种废旧材料和工具，鼓励幼儿进行创作和探索。

在自主性区域环境创设的过程中，教师团队不断进行反思和改进。他们会定期召开教研会议，总结和分享各自的经验和收获，并根据实际情况进行调整和优化。例如，当他们发现科学探索区的材料过于单一，难以满足幼儿的探索需求时，立即增加了更多种类的实验器材和自然标本；当他们发现建构区的空间布局不够合理，容易导致幼儿活动时发生碰撞时，马上重新规划了区域布局，增加了活动空间。

通过自主性区域环境的创设，A 幼儿园成功实现了更好地促进幼儿自主性和个性化发展的目标。幼儿在各个自主性区域环境中积极探索，表现出强烈的学习兴趣，他们还在互动中学会了分享和沟通，形成了良好的班级氛围。

第四章　幼儿园主题活动环境创设

第一节　幼儿园主题活动概述

幼儿园主题活动是指在一段时间将贴近幼儿生活的一个中心内容（主题）作为组织课程内容的主线来组织教育教学的活动。[①]主题活动具有综合性和实践性的特点，强调幼儿在活动中的主动参与和探索。通过主题活动，幼儿能够培养自主学习能力、合作意识和探究精神，从而获得全面发展。

一、幼儿园主题活动的内涵

幼儿园主题活动关注幼儿的主体性，注重根据幼儿的兴趣、需求和特点设计和调整活动方案，从而使幼儿获得与主题中心内容相联系的完整经验。考虑到幼儿的生活世界主要由具体事物构成，接触的事物通常涵盖多个学科领域，因此，主题活动涉及的范围和学科领域相当广泛。它打破了学科间的界限，强调从"点"到"面"的理解，根据活动需要

---

① 梅纳新 . 新编幼儿园教育活动设计与指导 [M]. 上海：复旦大学出版社，2016：291.

对知识进行重组。

在主题活动中，教师需要充分调动幼儿、园内、家庭及社区等多方面的资源，创设适宜的学习环境，并围绕主题发掘和整合教育资源。幼儿园主题活动不同于学科或领域活动，强调的是教育目标、内容、手段和过程的交互性与综合性，而不是系统性与独立性。这类活动在时间安排上有较大的灵活性，短则几日，长则一个学期，通常按月进行。主题活动的设计通常基于幼儿的兴趣和发展需要，将多个学科的内容有机整合，通过情境化、游戏化的方式，使幼儿在轻松愉快的氛围中主动学习和探索。这种活动方式不仅强调知识的传授，更注重幼儿在活动中的体验和探索。因此，主题活动不仅有助于幼儿积累知识，还有助于提升他们的综合素质和能力。

二、幼儿园主题活动的特点

幼儿园主题活动具有整合各种教育资源，生活化、游戏化的学习，知识的横向联系以及富有弹性的主题方案等特点（图 4-1）。整合各种教育资源能够提供丰富多样的学习材料和机会；生活化、游戏化的学习符合幼儿的认知特点和兴趣需求；知识的横向联系能够促进幼儿的综合发展，培养幼儿的跨学科思维；富有弹性的主题方案能够满足不同幼儿的个性化需求，促进他们发展水平的提升。

图 4-1　幼儿园主题活动的特点

（一）整合各种教育资源

幼儿园的教育资源不仅包括物质资源，如教具、玩具、图书、电子设备等，还包括人力资源和环境资源。通过整合这些资源，可以形成一个有机的教育体系，助力幼儿在互动和探究中获得全面发展。

物质资源方面，幼儿园需要提供各种符合幼儿年龄特点的教具和学具。这些教具和学具要具有一定的教育功能，要符合幼儿的兴趣，满足他们的发展需求。色彩鲜艳、形状各异的积木可以帮助幼儿发展认知能力和创造力；丰富的绘本和图书可以帮助幼儿提升语言表达能力，拓展阅读兴趣；电子白板、互动学习软件等，可以帮助增强幼儿的学习体验。

人力资源方面，教师是重要的人力资源之一。教师不仅是知识的传授者，还是幼儿学习的引导者和支持者。在主题活动中，教师需要扮演活动策划者、材料准备者、过程指导者等多重角色。通过观察和记录幼儿的活动表现，教师要及时调整活动方案，提供个性化的指导和帮助。此外，家长也是重要的人力资源。家长可以通过参与主题活动，分享自己的职业经验和生活技能，为幼儿提供更多元的学习内容和视角。

环境资源方面，幼儿园的物理环境和文化环境同样重要。幼儿园应注重环境的创设和利用，以为幼儿提供一个安全、舒适、富有激励性的学习环境。例如，教室的布置应富有童趣和启发性，户外活动场地应注重自然元素的融入。文化环境方面，幼儿园应营造一个积极向上、尊重个体差异、鼓励探索和创新的文化氛围，从而使幼儿感受到关爱和支持，进而更加积极主动地参与主题活动。

（二）生活化、游戏化的学习

生活化、游戏化的学习不仅符合幼儿的认知特点和兴趣需求，还能使他们在自然、愉快的氛围中获得知识与技能。生活化的学习强调从幼儿的生活经验出发，将学习内容融入他们熟悉的生活场景。例如，在

"认识四季"这一主题活动中，可以通过组织春天的踏青、夏天的戏水、秋天的收获、冬天的雪地游戏等活动，让幼儿在真实的生活情境中感受四季的变化。这样的设计不仅能让幼儿获得了丰富的感性经验，还能通过生活中的具体事物加深幼儿对抽象概念的理解。生活化的学习方式能够帮助幼儿在自然、真实的环境中积累经验、开阔视野，同时培养他们观察、思考和解决问题的能力。游戏化的学习则是通过设计各种富有趣味性的游戏活动，使幼儿在游戏中快乐地学习和发展。玩游戏是幼儿的天性，游戏可以激发他们的学习动机和参与热情。例如，在"认识动物"这一主题活动中，可以设计"动物园"的游戏，让幼儿扮演各种动物，通过模仿动物的叫声和动作来了解动物的特征和习性。在这一过程中，幼儿不仅掌握了知识，还提高了语言表达和社会交往能力。游戏化的学习方式能够使幼儿在轻松愉快的氛围中自然地掌握知识与技能，同时增强他们的合作意识和创新能力。

通过生活化、游戏化的学习，幼儿能够在丰富多彩的生活和游戏情境中获得知识与技能，从而促进他们的全面发展。

（三）知识的横向联系

幼儿的认知发展具有整体性、综合性的特点，单一学科的知识往往无法满足他们的学习需求。因此，主题活动需要打破学科界限，将不同领域的知识进行有机整合，从而促进幼儿的全面发展和综合能力的提升。

在主题活动中，知识的横向联系可以通过跨学科的内容整合和综合性的教学设计来实现。例如，"春天来了"这一主题活动，可以涵盖自然科学（植物的生长）、艺术（画春天的景色）、语言（描写春天的诗歌）、数学（计算植物的高度变化）等多个领域的内容。通过这些学科内容的有机结合，幼儿不仅能够全面理解主题，还能在知识的综合运用中提高思维能力和问题解决能力。这样的设计符合幼儿认知发展的特点，有助于培养他们的综合素养和跨学科思维。知识的横向联系不仅能丰富幼儿的学习内容，还能促进他们在学习中的自主探究和创新。例如，在"认识水的特性"这一主题活动中，幼儿可以通过实验（自然科学）、绘画（水的各种形态）、故事（关于水的传说）等多种形式来探索和了解水的特性。在这一过程中，幼儿不仅能学习有关水的科学知识，还能通过艺术、文学等不同形式表达自己的理解和感受。这种综合性的学习方式能够激发幼儿的好奇心和创造力，促进他们在多方面得到发展。

（四）富有弹性的主题方案

每个幼儿的发展水平和兴趣爱好不同，固定化、标准化的教育方案难以满足所有幼儿的需求。因此，主题活动的设计需要具有一定的弹性，以根据幼儿的实际情况进行调整和拓展，从而为每个幼儿提供适合的学习机会和发展契机。

富有弹性的主题方案体现在活动内容和形式的多样化上。例如，在"认识颜色"这一主题活动中，幼儿可以根据自己的兴趣，选择颜色涂鸦、颜色分类游戏、颜色故事会等不同的活动形式，从而在自己喜欢的活动中获得最佳的学习体验。富有弹性的主题方案还体现在活动进度和难度的灵活性上。对于掌握知识较快的幼儿，可以增加一些难度较大的任务，如混合颜色的实验、颜色的高级分类等；对于学习进展较慢的幼儿，可以安排一些简单的任务，如基本颜色的识别和命名。这种灵活的设计，能够让幼儿在自己的能力范围内获得成就感，从而增强他们的学习动力和自信心。

三、幼儿园主题活动对促进幼儿发展的意义

幼儿园主题活动对促进幼儿发展具有重要意义。通过满足幼儿的好奇心和求知欲，能够激发他们的探索精神和学习动力；通过培养主动学习意识，能够增强他们的学习兴趣和主动性；通过发展多方面的能力，

能够全面提升他们的认知、语言、社交和情感能力；通过促进个性发展，能够发展他们的个性，增强他们的自我意识（图4-2）。通过合理设计和实施主题活动，幼儿园能够为幼儿提供一个丰富多彩、充满挑战和乐趣的学习环境，使幼儿在多元化的体验和互动中获得全面发展，为未来的学习和生活奠定坚实的基础。

图4-2　幼儿园主题活动对促进幼儿发展的意义

（一）满足幼儿的好奇心和求知欲

幼儿天生具有强烈的好奇心和求知欲，他们对周围世界充满了兴趣和探究的欲望。幼儿园的主题活动设计应满足幼儿的这种自然需求，通过有趣的活动和丰富的内容，激发他们的探索精神和学习动力。在幼儿园主题活动中，教师会根据幼儿的兴趣点设计各种主题，如"海底世界""宇宙探险""动物王国"等。这些主题不仅贴近幼儿的生活经验，还能引发他们对未知领域的好奇和探索欲望。另外，主题活动的设计应注重互动性和参与性，以使幼儿在实际操作和体验中获得知识与技能。例如，在"植物的生长"主题活动中，幼儿可以通过亲自种植和照顾植物，观察植物的生长过程，了解植物的生长规律和需要的条件。这种亲身体验不仅能满足幼儿的好奇心，加深他们对知识的理解和掌握，还能增强他们的动手能力和责任感。

（二）培养幼儿主动学习的意识

在主题活动中，幼儿通过自主选择和参与活动，能够体验到学习的乐趣，从而激发学习动机。在幼儿园主题活动中，教师会设计各种具有挑战性和趣味性的任务，引导幼儿自主探究和解决问题。例如，在"建筑师的世界"主题活动中，幼儿可以通过搭建积木、设计建筑模型等方式，探索建筑的基本原理和构造。在这个过程中，幼儿不仅能学习相关知识，还能体验到创造的喜悦，培养独立思考和解决问题的能力。又如，在"我的家"主题活动中，幼儿可以通过绘画、讲述家庭故事、制作家庭树等方式，展示和分享自己的家庭生活。这不仅能让幼儿在学习中感受到亲情的温暖，还能增强他们的自我表达和社交能力。在这个过程中，幼儿能体验到学习的乐趣和意义，从而更加愿意主动参与学习活动。

（三）发展幼儿多方面的能力

幼儿园主题活动的设计不仅应关注知识的传授，还应注重幼儿多方面能力的发展。在主题活动中，幼儿通过多样化的体验和实践，能够发展他们在认知、语言、社交、情感等多方面的能力。

在认知能力方面，主题活动通过提供丰富的学习材料和多样的活动形式，能够促进幼儿观察力、思维能力和创造力的发展。例如，在"宇宙探险"主题活动中，幼儿可以通过观看星空视频、制作太阳系模型、阅读宇宙故事等方式，了解宇宙的基本知识和现象。在这个过程中，幼儿不仅能学习天文学的基本知识，还能培养观察力、想象力，以及多维度思考和理解问题的能力。在语言能力方面，主题活动通过提供丰富的语言交流和表达机会，能够有效促进幼儿的语言发展。例如，在"故事大王"主题活动中，幼儿可以通过讲故事、角色扮演、编写剧本等方式，提升他们的语言表达和沟通能力。在这个过程中，幼儿不仅能学习词汇和语法，还能增强他们在真实语言情境中的表达能力。在社交能力方面，主题活动通过合作、互动的形式，培养幼儿的合作意识和社交能力。例如，在"合作建塔"主题活动中，幼儿可以通过合作搭建积木塔，体验团队合作和共同解决问题的过程。在这个过程中，幼儿不仅能学习如何与他人合作、分享和沟通，还能增强团队意识和集体荣誉感，有利于形成积极的人际关系。在情感发展方面，主题活动通过提供多样的情感体验和表达机会，能够促进幼儿的情感发展，增强他们的情绪管理能力。例如，在"情感表达"主题活动中，幼儿可以通过绘画、音乐、角色扮演等方式，表达和分享自己的情绪、感受。在这个过程中，幼儿不仅学习了如何识别和表达自己的情感，还能在情感发展中增强情感理解能力和共情能力。

（四）促进幼儿个性发展

幼儿园主题活动的设计应能帮助幼儿根据自己的兴趣和特点，自主选择和参与活动，从而在自由、自主的环境中发展个性和能力。主题活动还应注重培养幼儿的自我管理和自我评价能力，使他们在活动中学会独立思考和自我反省。例如，在"探险小队"主题活动中，幼儿可以通过自主制订探险计划、分工合作、记录探险过程等方式，体验探险的乐趣和挑战。在这个过程中，幼儿不仅能学会如何制订计划和执行任务，还能促使幼儿在自主探究和反思的过程中形成积极的自我认知和独立思考能力。

第二节 幼儿园主题活动环境创设的步骤

科学合理的环境创设不仅能激发幼儿的学习兴趣，还能增强他们的探索欲望和创造力。幼儿园主题活动环境创设一般包括四个步骤：确定主题—制订计划—收集材料—活动实施。通过这四个步骤，教师可以系统、有序地设计和组织主题活动，使幼儿在丰富多样的活动中获得知识、技能和全面的发展经验。图 4-3 ～图 4-6 展示了不同幼儿园针对不同主题活动的环境创设情况。

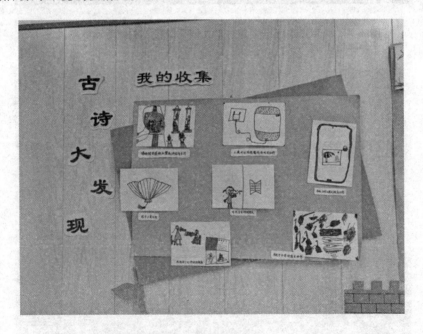

图 4-3 北京航空航天大学幼儿园"古诗知多少"主题活动环境创设

图 4-4　北京市通州区牛堡屯幼儿园"骑行"主题活动环境创设

图 4-5　北京通州区张家湾中心幼儿园"你好，小河"主题活动环境创设

图 4-6　应急管理部机关服务中心幼儿园"幼小衔接"主题活动环境创设

一、确定主题

确定主题是幼儿园主题活动环境创设的首要步骤，这一步至关重要，因为它为整个活动指明了方向。主题的选择应贴近幼儿的生活经验和兴趣爱好，同时具备一定的教育意义和发展潜力。主题应既能吸引幼儿的注意力，又能涵盖广泛的教育内容和技能发展目标。主题的确定需要充分了解幼儿的兴趣、考虑主题的教育价值、制定详细的主题框架（图4-7）。

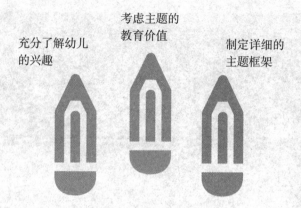

图 4-7　确定主题

（一）充分了解幼儿的兴趣

在选择主题时，教师需要深入了解幼儿的兴趣和好奇心所在。幼儿对周围世界充满了探索欲望，他们的兴趣往往集中在具体的、生动的事物上。教师可以通过日常观察幼儿的行为及谈话，发现他们感兴趣的话题。例如，有些幼儿对动物表现出极大的兴趣，他们喜欢模仿动物的声音和动作，那么"动物王国"则是一个理想的主题。另一些幼儿对自然现象，如风、雨、雪等表现出好奇心，那么以"天气探秘"为主题就能很好地激发他们的学习兴趣。

与家长交流也是了解幼儿兴趣的重要途径。家长对孩子的兴趣爱好有着深刻了解，通过与家长沟通，教师可以获得更多有关幼儿兴趣和爱好的信息。例如，某些幼儿在家中喜欢参与烹饪活动，那么"美食小厨师"则是一个富有吸引力的主题。通过这些方法，教师可以选择那些既贴近幼儿生活又能激发他们兴趣的主题，从而确保活动的吸引力和参与度。

（二）考虑主题的教育价值

一个好的主题不仅应有趣，还应具备丰富的教育内涵，能够涵盖多方面的知识与技能。例如，"四季的变化"这一主题不仅涉及自然现象、气候变化、植物生长等方面的知识，还能结合艺术、文学等内容，进行多学科的综合学习。春天可以围绕"春天来了"设计活动，让幼儿通过观察和记录植物发芽、河水融化等现象，了解春天的特征。秋天则可以围绕"丰收的季节"设计活动，通过采集和品尝各种水果，了解秋天的特征和农作物的生长过程。节日庆典则为主题活动提供了丰富的文化背景和内容。例如，通过"春节的故事"这一主题，幼儿可以了解春节的传统习俗、节日食品和庆祝方式，从而加深对传统文化的认识和热爱。

（三）制定详细的主题框架

主题框架是指导整个活动设计和实施的重要工具，可以帮助教师有条不紊地组织各项活动，确保每个环节能有效地实现预期的教育目标。主题框架包括以下几个方面。其一，主题名称。主题名称应简洁明了，富有吸引力，使幼儿能一目了然地了解活动的核心内容。例如，"海底探险""我的家园"等主题名称既直观又具有吸引力。其二，主题目标。明确主题活动的总体目标，包括认知、情感、社会等方面的发展目标。例如，"海底探险"主题的认知目标可以是了解常见的海洋生物及其特征，情感目标可以是培养幼儿对海洋生物的保护意识，社会目标则可以是增强幼儿的合作意识和团队精神。其三，核心内容。梳理主题的核心内容，确定需要重点学习的知识与技能。例如，"我的家园"主题的核心内容可以包括了解家庭成员及其职业、家庭日常生活中的各种活动、家庭成员之间的相互关爱等。其四，活动形式。构思主题活动的形式，如游戏、实验、手工制作、参观等。例如，"海底探险"主题的活动形式可以包括制作海洋生物的手工艺品、观看海底世界的纪录片、参观水族馆等。

制定详细的主题框架，可以为后续的活动设计提供清晰的指导方向，使整个主题活动更加系统有序。教师在制定主题框架时，应充分考虑幼儿的兴趣和发展需要，确保每个环节的活动都能激发幼儿的参与热情和学习动机。教师还应灵活调整和优化主题框架，根据实际情况和幼儿的反馈不断改进和完善活动设计。

二、制订计划

一个完整的活动计划需要涵盖活动目标、活动内容、活动形式、活动时间安排、活动所需资源、评估方法等方面，以使整个活动过程有条不紊地展开，达到预期的效果。

活动目标可以是主题框架中总体目标的细化目标。这些目标可以分为认知目标、技能目标、情感目标等，并明确每一阶段活动需要达到的具体目标。例如，在"动物王国"主题活动中，认知目标可以是让幼儿了解常见动物的特征和习性，技能目标可以是培养幼儿的观察和动手能力，情感目标可以是增强幼儿对动物的保护意识和环保意识。依据明确的活动目标，教师可以有针对性地设计活动内容和形式，确保每一个环节能有效地促进幼儿的发展。活动内容应丰富多样，涵盖多方面的知识与技能，激发幼儿的兴趣和参与热情。例如，"动物王国"主题活动可以设计以下内容：动物的分类，通过图片和视频，了解不同种类的动物；动物的栖息地，通过参观动物园或观看纪录片，了解动物的生活环境；动物的习性，通过模拟游戏，了解动物的生活习性；动物保护，通过开展讨论和手工制作，增强环保意识。通过多样化的活动内容，幼儿能够在不同的情境中学习和体验，从而全面深化他们的认知。活动形式的选择应结合幼儿的兴趣和发展水平，使幼儿在游戏、实验、手工制作、角色扮演、参观、故事会等多种形式的活动中体验和学习。例如，在"动物王国"主题活动中，教师可以组织"动物角色扮演"游戏，让幼儿通过模仿不同动物的动作和叫声，了解不同动物的特征和习性。这种生动有趣的活动形式，有利于幼儿在游戏中丰富知识，培养想象力和创造力。活动时间安排应合理，考虑到幼儿的注意力和体力，每一个活动环节不宜过于冗长或单调。例如，在"动物王国"主题活动中，教师可以将活动分为若干小阶段，每个阶段安排具体的活动内容和形式，鼓励幼儿积极参与活动。科学合理的时间安排，可以确保活动的连贯性和有效性，从而使幼儿在最佳状态下参与学习和探索。准备活动所需资源是确保活动顺利进行的重要环节。教师需要提前准备好活动所需的教具、学具、材料和设备，确保活动的顺利实施。例如，在"动物王国"主题活动中，教师需要提前准备好动物图片、视频资料、手工制作材料等，从而为幼儿创造一个丰富多彩的学习环境，激发他们的学习兴趣和探索欲望。评估方法的设计是活动计划的重要组成部分，通过评估可以了解活动的效果和幼儿的发展情况。评估方法包括观察记录、作品展示、幼儿自评和互评等。例如，在"动物王国"主题活动中，教师可以通过观察幼儿在活动中的表现，记录他们的学习成果和参与情况，同时组织幼儿进行自评和互评，增强幼儿的反思和表达能力。通过科学合理的评估方法，教师可以及时了解活动的实际效果，并根据评估结果不断调整和优化活动设计，确保每一个环节都能达到预期的教育目标。

通过制订详细的活动计划，教师可以确保主题活动的有序开展，为幼儿提供一个系统、全面的学习体验。详细的计划不仅是活动顺利进行的保障，还是提升教育质量的重要途径。在整个活动实施过程中，教师需要灵活调整和优化活动计划，根据幼儿的实际情况和反馈，不断改进和完善活动设计，以使主题活动真正满足幼儿的发展需求。

三、收集材料

收集材料需要考虑到活动的具体需求和幼儿的兴趣，确保提供丰富多样、适宜的学习资源。全面、细致的材料准备，可以为幼儿提供一个富有启发性和充满参与感的活动环境，激发他们的探索欲望和学习兴趣（图4-8）。

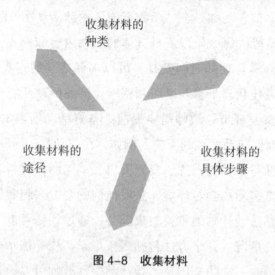

图4-8 收集材料

（一）收集材料的种类

在主题活动中，所需材料种类繁多，包括教具、学具、手工材料、实验器材、音像资料等。教师需要根据活动计划，列出所需材料的详细清单，并逐一进行准备。

教具和学具是主题活动中必不可少的材料，包括各种图片、模型、实物标本以及绘本、工作纸、学习卡片等。例如，在"动物王国"主题活动中，教师需要准备各种动物的图片和模型，以帮助幼儿直观地认识不同的动物，更好地理解和记忆动物的特征和习性。手工材料的准备需要考虑到幼儿的年龄特点和动手能力。手工制作是主题活动中常见的活动形式，手工材料通常包括纸张、胶水、剪刀、颜料、废旧物品等。在"动物王国"主题活动中，教师可以准备彩纸、纸板、棉花等材料，方便幼儿制作各种动物的模型或面具。通过手工制作，幼儿不仅可以提高他们的动手能力，还可以在创作过程中培养想象力和创造力。实验器材包括实验所需的仪器、试剂、容器等，需要确保安全和适宜。在一些主题活动中，实验是幼儿学习和探索的重要方式。例如，在"植物的生长"主题活动中，教师需要准备种子、土壤、花盆、喷壶等器材，以让幼儿亲自种植和观察植物的生长过程。通过实验活动，幼儿可以直观地了解植物的生长规律和自然现象，培养他们的科学素养和探究能力。图书和音像资料是丰富幼儿知识和开阔幼儿视野的重要资源。教师需要根据活动主题，选择适合幼儿阅读和观看的图书、音像资料等。例如，在"宇宙探险"主题活动中，教师可以准备一些关于太阳系、行星、宇宙探索的绘本和纪录片，供幼儿阅读和观看。通过这些资料，幼儿可以更深入地了解宇宙的奥秘，激发他们对科学的兴趣和探索欲望。

（二）收集材料的途径

收集材料的途径通常包括幼儿园、家庭、社区、网络等。

幼儿园本身具有丰富的教育资源，教师可以充分利用园内的教具、学具、图书和设备等。例如，幼儿园的图书馆可以提供丰富的、适合幼儿阅读的绘本和书籍，教师可以根据主题活动的需要选择合适的图书供幼儿阅读。幼儿园的投影仪、电脑等设备也可以为活动提供技术支持，使幼儿在多媒体环境中获得更好的学习体验。家庭是幼儿生活的重要场所，家长可以为主题活动提供丰富的资源支持。教师可以通过与家长沟通，邀请家长参与到材料的准备中来。例如，在"我的家"主题活动中，教师可以请家长提供家庭照片、生活用品等，让幼儿带到幼儿园进行展示和分享。这不仅可以丰富活动材料，还可以促进家园共育。社区是幼儿学习和生活的延伸，社区中的各种资源可以为主题活动提供有力支持。例如，在"动物王国"主题活动中，教师可以组织幼儿参观动物园，通过真实体验增强幼儿对动物的了解和兴趣。网络资源是现代科技发展带来的结果，已成为获取教育资源的重要途径。教师可以通过网络搜索和下载相关的教学资料，为主题活动提供丰富的资源支持。例如，在"宇宙探险"主题活动中，教师可以下载关于宇宙的纪录片，供幼儿观看和学习。

（三）收集材料的具体步骤

在实际操作中，收集材料的步骤需要详细规划和执行，确保每一个步骤都能顺利进行。教师需要制订一个详细的材料收集计划，包括材料清单、收集时间、责任人等具体内容，从而为主题活动的顺利开展提供有力保障。

教师首先需要根据活动计划列出所需材料的详细清单。这个清单应包括所有活动环节需要的教具、学具、手工材料、实验器材、图书、音像资料等。清单的详细程度决定了材料准备的充足性，因此，教师需要仔细梳理每一个活动环节，确保不遗漏任何重要的材料。确定材料清单后，教师需要明确每一项材料的收集途径和责任人。分工合作可以提高材料收集效率。教师可以将一些简单的材料收集任务分配给家长；对于一些特殊材料，教师可以联系社区或通过网络途径获取。明确责任人和时间节点，可以确保材料收集工作按计划进行，避免因材料不足影响活动的实施。

在收集材料的过程中，教师需要注意材料的安全性和适宜性，特别是在实验器材和手工材料的选择上，需要确保所有材料都是安全无害、适合幼儿使用的。对于一些复杂的实验器材，教师需要提前进行安全检查和使用演示，确保幼儿在使用过程中不会出现安全问题。

收集材料后，教师需要对所有材料进行分类整理。分类整理可以按照材料的种类和用途进行，如将教具和学具分别整理，将手工材料和实验器材分类存放。通过分类整理，教师可以在活动中快速找到所需材料，提高活动的连贯性和效率。

四、活动实施

活动实施是主题活动环境创设的关键步骤。活动实施的过程需要教师的精心组织和引导，确保每一阶段的活动能够达到预期的目标和效果（图4-9）。

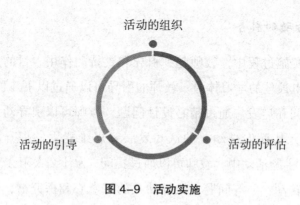

活动的组织

活动的引导   活动的评估

图4-9　活动实施

（一）活动的组织

活动的组织需要教师根据活动计划，合理安排活动的内容和形式，确保活动的连贯性和系统性。教师在组织活动时，需要关注以下几个方面。

其一，活动内容。教师需要根据活动计划，逐一组织和实施各环节的活动。每一活动环节应有明确的目标和内容，确保活动的有效性和针对性。例如，在"动物王国"主题活动中，教师可以按照动物的栖息地、习性等内容，逐步组织和实施相关活动。通过这样系统的内容安排，幼儿能够逐步深入、系统地学习和理解相关知识，形成完整的认知结构。其二，活动形式。教师可以通过游戏、实验、手工制作、参观、角色扮演等多种形式，丰富活动内容和幼儿的体验。例如，在"植物的生长"主题活动中，教师可以组织幼儿进行种植实验、绘制植物生长图、参观植物园等活动，使幼儿在多样化的活动中获得知识与技能。其三，活动时间的控制。活动时间的安排需要合理规划，确保每一环节的活动不过于冗长或单调。例如，在"探险之旅"主题活动中，教师可以将活动分为若干小阶段，每个阶段安排一个具体的探险任务，吸引幼儿积极参与。通过合理的时间控制，教师可以确保活动的连贯性和有效性，避免幼儿出现疲劳或注意力不集中的情况。

（二）活动的引导

在活动实施过程中，教师起到引导和支持的作用，目的是帮助幼儿在活动中获得最佳的学习体验。教师的引导可以通过以下几种方式进行。第一种，提问和启发。通过精心设计问题，教师可以引导幼儿进行深入思考和探索，从而促进幼儿的认知发展和思维能力的提升。例如，在"宇宙探险"主题活动中，教师可以通过提问"为什么太阳会发光？""地球为什么会转动？"等问题，激发幼儿的好奇心和探究欲，并引导幼儿进行科学探究，从而培养他们的探究精神和科学素养。第二种，观察和记录。通过观察和记录，教师可以及时掌握幼儿在活动中的表现和进步情况，发现他们的兴趣和需求，为后续的活动设计提供依据。例如，在"动物王国"主题活动中，教师可以观察幼儿在动物角色扮演中的表现，记录他们的语言表达和行为互动情况，了解每个幼儿的发展情况，从而为幼儿提供个性化的指导和支持。第三种，示范和指导。通过示范和指导，教师可以帮助幼儿掌握活动中的关键技能和方法，提高幼儿的动手能力和操作水平。例如，在"植物的生长"主题活动中，教师可以示范如何种植植物、如何记录植物的生长变化，帮助幼儿掌握正确的方法和技巧，助力幼儿更快地掌握活动内容，提升他们的学习效果。

（三）活动的评估

活动的评估是活动实施的重要环节，通过评估可以了解活动的效果和幼儿的发展情况。评估的目的是了解活动的实际效果，发现存在的问题和不足，为后续的活动设计提供依据。活动的评估可以从以下几个方面进行。

其一，对目标达成情况的评估是评估活动效果的重要内容。通过评估活动目标的达成情况，教师可以了解活动是否达到了预期的教育效果。例如，在"动物王国"主题活动中，教师通过评估幼儿是否了解了动物的基本特征和习性，是否增强了动物保护意识，可以了解活动的实际效果，发现存在的问题和不足，及时进行调整和改进。其二，对幼儿参与情况的评估是了解幼儿对活动的兴趣和投入程度的重要手段。通过评估幼儿的参与情况，教师可以了解他们对活动的兴趣和参与度。例如，在"探险之旅"主题活动中，教师通过评估幼儿是否积极参与了探险任务，是否展示了合作和探究的能力，可以了解活动的吸引力和幼儿的参与度，发现存在的问题和不足，及时进行调整和改进。其三，对幼儿发展情况的评估是了解幼儿在活动中的进步情况的重要手段。通过评估幼儿在认知、语言、情感等方面的发展情况，教师可以了解他们在活动中的学习效果。例如，在"宇宙探险"主题活动中，教师通过评估幼儿是否掌握了基本的宇宙知识，是否表现出了对科学的兴趣和好奇心，可以了解幼儿的进步和不足，发现存在的问题和不足，及时进行调整和改进。其四，根据评估结果提出的活动改进建议，可以为后续的活动设计提供参考和依据。通过对活动效果的评估，教师可以发现活动中的问题和不足，从而提出具体的改进建议。例如，在"植物的生长"主题活动中，根据幼儿的表现和反馈，教师可以不断提升活动的质量和效果，促进幼儿的全面发展。

评估不仅是对活动效果的检验，也是教师反思和改进的过程。评估结果可以为教师提供宝贵的经验和教训，帮助他们不断改进和提升活动的质量和效果。

第三节　幼儿园主题活动环境创设的方法及注意事项

通过科学合理的环境布置，可以营造符合幼儿心理和认知特点的学习氛围，从而激发幼儿的兴趣和参与积极性。本节将详细介绍幼儿园主题活动环境创设的具体方法，以及在实施过程中需要注意的事项，以确保环境创设能够充分支持幼儿的学习与发展。

一、幼儿园主题活动环境创设的方法

合理设置与使用主题活动区、设计与幼儿交流互动的主题墙以及有效开发和利用空间环境是幼儿园主题活动环境创设的重要方法。

（一）合理设置与使用主题活动区

区域活动是深受幼儿喜爱的一种活动，教师可将区域活动与主题内容有机结合，创设优良环境。幼儿在这种环境中，能够更加积极地投入主题活动中，充分感受主题环境创设带来的乐趣。在区域活动中，教师要注意以下几点。

第一，轻松和安全。这里所说的安全更多是指心理安全。幼儿第一次进入陌生的环境，教师不仅需要进行鼓励，更重要的是要让幼儿感受到安全。只有这样，幼儿才能放松自己，自主活动。教师可以通过友好的言语和肢体语言来表达对幼儿的关爱和支持。例如，在"动物王国"主题活动中，教师可以通过讲述温馨的动物故事来缓解幼儿的紧张情绪，增强他们的安全感。第二，视线无阻隔。在陌生环境中，教师往往是幼儿唯一信赖的对象。在活动初期，教师应避免创设封闭型区域，保证幼儿在活动室的任何一个角落都能看到教师，以便幼儿放松心情开展活动。

例如，在"植物的生长"主题活动中，教师可以将植物种植区设置在开放的区域，让幼儿随时能看到自己的身影，从而增强他们的安全感。第三，增加对话者。教师除和幼儿进行必要的语言沟通之外，还可以通过道具和幼儿展开对话，以满足幼儿的对话需求。例如，教师可以在语言区投放一些指偶，让幼儿对着指偶讲故事，或在美工区低矮的墙面上放置作品制作的步骤样本，让幼儿自由选取并学习制作。这种方法不仅可以减轻教师的工作负担，还能培养幼儿的独立性和自主性。第四，提供背景音乐。教师可播放一些轻音乐，但应避免播放幼儿熟悉的歌曲，以免幼儿跟唱。背景音乐可以创造一个轻松、愉快的氛围，帮助幼儿集中注意力，提升活动效果。

（二）设计与幼儿交流、互动的主题墙

在主题活动环境创设过程中，教师应精心策划主题墙，甚至使之成为主题活动环境的核心。主题墙不仅是展示幼儿作品和活动成果的窗口，还是促进幼儿交流互动、激发他们学习兴趣的重要工具。

主题墙应充分体现出以幼儿发展为本的理念。每次进行主题墙创设时，教师要关注幼儿的需要与兴趣，以有效捕捉幼儿有价值的兴奋点，进行有机生成，为墙面创设提供素材。教师还要邀请家长和孩子一起参与到主题墙的创设中。实践表明，幼儿的自主学习是需要环境支持的。幼儿在看到自己的作品被展示出来时，会不自觉地提高学习积极性。例如，在"宇宙探险"主题活动中，教师可以让幼儿自己绘制行星图，并将这些作品展示在主题墙上。这不仅展示了幼儿的创意，还有利于激发他们对探索宇宙的兴趣。

主题墙的创设应以幼儿作品为主，教师要为每个幼儿提供表现的机会，从而促进每个幼儿在不同水平上得到发展。因此，教师要清晰地了解孩子的情况，及时调整环境布置的策略，更好地促进环境与幼儿之间的互动。幼儿参与主题墙创设的过程，是一个体现合作互助的过程，这

种互助不仅存在于幼儿之间，还存在于幼儿与教师之间、幼儿与家长之间。在创设主题墙时，教师可以组织幼儿分组合作，每组负责一部分的内容，通过合作完成整个主题墙的创设。例如，在"海底世界"主题活动中，教师可以让一组幼儿负责绘制海洋动物，另一组幼儿负责制作珊瑚礁，通过合作完成一个完整的海底世界主题墙。

主题环境是在尊重孩子的基础上随着主题的不断深入而逐渐丰富的，每一步都是孩子经验累积的体现，每一件作品都是孩子学习与参与的写照。因此，主题内容应始终以动态的形式展示活动内容的连续性。例如，在"动物王国"主题活动中，教师可以随着活动的进展，不断更新和丰富主题墙的内容，以展示幼儿在活动中的新发现和新作品，给幼儿持续的激励。

（三）有效开发和利用空间环境

空间环境是教师创设主题环境的重要平台，教师要对活动室的空间进行合理规划。有条件的幼儿园可以对空间进行分隔，如根据不同活动的性质和功能进行区域划分。最终，活动室需要有便于幼儿移动、建造、分类、创造、摊放物品、制作、实验、与其他幼儿一起活动、存放物品、展现作品以及便于幼儿个别活动、小组和集体活动的空间。不能分隔空间的幼儿园可以将睡眠室改造为区域活动室，或利用走廊开设种植区域、动物养殖区域。

1. 墙面

墙面应使用富有童趣化、艺术化、鲜艳明快的色彩，以给幼儿亲切、喜悦的感觉。为增强幼儿的参与感，一米以下的墙面，应以幼儿装饰为主；一米以上的封面，师生共同完成。尽可能使用可变性强的软墙，以便随时对布置在软墙上的材料进行拆除、移动和更换等。例如，在"动物王国"主题活动中，教师可以在墙面上展示幼儿绘制的动物图片，并提供可以自由更换的位置，让幼儿不断更新自己的作品，从而保持活动的持续性和互动性。

2. 楼梯

要充分、合理利用楼梯边的墙面，同时要保证楼梯的安全扶手便于清洁。楼梯边的墙面可以用来展示幼儿的绘画作品或主题活动的相关知识，以增强幼儿在日常生活中的学习体验。例如，在"宇宙探险"主题活动中，教师可以在楼梯边的墙面上展示关于太阳系的知识，以更好地激发幼儿的好奇心和探索欲望。

3. 天花板

通过在天花板上悬挂各种有趣的装饰物，可以增加空间的趣味性和吸引力。例如，在"春天的故事"主题活动中，教师可以在天花板上悬挂一些花朵和蝴蝶的装饰物，营造春天的氛围，吸引幼儿的注意。

4. 走廊

走廊的光线要充足，以便适当种植植物和摆放盆栽，或者可以用来展示幼儿作品或进行小型实验活动。例如，在"植物的生长"主题活动中，教师可以在走廊设置一片植物种植区，给予幼儿亲自种植和观察植物生长过程的机会，从而增强他们的观察能力和环保意识。

二、幼儿园主题活动环境创设中的注意事项

幼儿园主题活动环境创设需要注意以下事项（图4-10）。

图4-10 幼儿园主题活动环境创设中的注意事项

（一）主题活动环境真正与幼儿对话

主题活动环境的创设应随幼儿需要的变化而变化，这是幼儿与环境对话的基础。环境并不是一成不变的，而是根据主题的需要或预设活动的需要，抑或生成活动的延续，发挥潜在的教育功能；环境也不是一步到位的，而是一个不断增加、不断丰富、不断延续的发展过程。幼儿是活动的主体，以不同的形式展现幼儿的作品，有利于提高他们参与活动的积极性，同时使他们在活动中体验成功的快乐。

主题活动环境与幼儿对话的核心在于环境的动态性和灵活性。环境创设不仅是为了装饰和美化教室，更重要的是为幼儿提供一个可以互动和探索的空间。例如，在"海洋世界"主题活动中，教师可以在教室设置一个海洋角，用来放置各种海洋生物的模型和图画，并随着活动的进行，逐步增加新的内容，如海洋保护的知识、幼儿制作的海洋生物手工艺品等。此外，主题活动环境的创设应注重多样性和层次性，以满足不同幼儿的需求，适应不同幼儿的发展水平。对于同一个主题，可以设置不同的活动和展示区域，以适应不同年龄和能力的幼儿。例如，在"植物的生长"主题活动中，可以为小班幼儿设置简单的种植实验和绘画活动，为中班幼儿设置详细的植物生长记录和观察任务，为大班幼儿设置复杂的植物分类和研究活动。通过这种分层次的环境创设，可以确保每个幼儿基于原来的发展水平取得更大进步。主题活动环境的创设还应注重细节和个性化。教师应根据幼儿的兴趣和特点，设计一些个性化的活动和展示内容。例如，在"动物王国"主题活动中，教师可以为幼儿分别设计一个"动物护照"，用来记录他们在活动中的表现和发现。这样的个性化设计不仅能增强幼儿的参与感，还能帮助教师更好地了解和关注每个幼儿的发展情况。

（二）主题活动环境与课程和谐统一

随着幼儿园课程改革的深化、教育观念的转变，教师的主导作用由显性变为隐性，幼儿不再直接面对教师、面对教育要求，而是通过与材料的互相作用去思考解决问题，积累经验。因此，环境的桥梁作用就越发重要了。

主题活动环境创设不只是一种背景、一种支持，还是课程的一部分。主题环境创设为教师和幼儿搭建了一个共同的舞台，教师通过对幼儿的深入了解为幼儿建构更自由、广泛的空间，让幼儿的主体性得到充分发挥。幼儿应紧紧追随教师的指导，努力与环境融合，从而在与环境的互动中捕捉灵感、获得启示、习得经验。

主题活动环境的创设应与课程内容相一致。例如，在"探索地球"主题活动中，教师可以在环境中设置各种展示区域，如地球模型、地图、气象站等。这样，幼儿在活动中不仅可以直观地看到和接触到地球和气候的相关内容，还可以通过实际操作和观察，深入理解和掌握这些知识。主题活动环境的创设还应与课程目标相一致。教师在创设环境时，应充分考虑到课程的教育目标和幼儿的发展需求。例如，在"健康与安全"主题活动中，教师可以设置健康饮食、身体锻炼和安全知识等区域，帮助幼儿在活动中学习和掌握健康与安全相关的知识和技能。这不仅能增强幼儿的学习效果，还能帮助他们在日常生活中养成良好的健康和安全习惯。主题活动环境的创设还要与课程的实施过程相一致。教师在创设环境时，应充分考虑到课程的实施过程和活动的实际需求。例如，在"春天的故事"主题活动中，教师可以设置植物种植、昆虫观察和春游等活动区域，为幼儿提供丰富的学习和体验机会。这不仅能增强活动的趣味性和吸引力，还能帮助幼儿在实际操作和体验中获得知识与技能。主题活动环境的创设还应与课程的评估和反馈相一致。教师在创设环境时，应充分考虑到评估和反馈的需求，为幼儿提供一个展示和交流的平台。

例如，在"宇宙探险"主题活动中，教师可以设置一个成果展示区，用来展示幼儿在活动中的作品和发现，并鼓励幼儿之间交流和分享，从而促进他们之间的互动与合作。这不仅能激励幼儿积极参与活动，还能帮助教师更好地了解和评估幼儿的学习效果。

通过主题活动环境与课程的和谐统一，教师可以为幼儿提供一个系统、全面的学习环境，帮助他们在活动中获得知识和技能，促进他们的全面发展。环境与课程的一致性、目标的一致性、过程的一致性和评估的一致性，都是实现这一目标的重要途径。

（三）主题活动环境与幼儿发展协同一致

小、中、大班幼儿的年龄特征差异明显，环境创设应充分考虑这些差异，提供适合不同年龄段幼儿的活动内容和形式。

小班幼儿刚上幼儿园，他们面对的是新的环境和新的伙伴，通常爱模仿，情绪变化快，交往能力和生活自理能力还较弱。因此，小班的环境创设应注重温馨感、安全感和亲切感。小班教室的墙饰应该帮助幼儿尽快适应新的环境，感受到幼儿园的温暖和安全。教师可以展示幼儿园的各个角落，介绍教师和小朋友，帮助幼儿熟悉新环境。认知区可为幼儿提供纸、颜料、试管、交通工具图片等，通过丰富的视觉和操作材料，帮助幼儿认识颜色和简单的交通工具。这些内容既贴近幼儿的生活经验，又能激发他们的兴趣和好奇心。在走廊的墙面上可以设计小动物的外形轮廓，让幼儿通过盖印章、折糖纸、贴果壳、撕贴纸等手法，填充动物图形。这不仅能锻炼幼儿的动手能力，还能让他们在活动中感受到乐趣和成就感。

中班幼儿活泼好动，以形象思维为主，具有一定的动手操作能力。中班的环境创设应注重活动的多样性和可操作性，以激发幼儿的学习欲望，增强他们的动手能力。在墙饰设计方面，可以通过设置丰富的内容，帮助幼儿了解四季变化、情感表达和比较概念。在活动区，可以设计科学区、表演区、阅读区、美工区、计算区、自然角等，并提供大量的相关材料供幼儿操作。例如，在自然角，幼儿可以利用废旧纸盒、塑料瓶制作各种手工艺品，从而在制作过程中学习环保和资源利用的知识。

大班幼儿的抽象思维有了一定发展，环境创设应注重知识的系统性和深度，提供更多具有挑战性和探索性的活动。在墙饰设计方面，要帮助幼儿了解更多知识，培养他们的责任感和独立性。在认知区，可以摆放各国国旗、地图、各类标志图、迷宫图等，从而帮助幼儿了解世界各地的文化和知识，培养他们的逻辑思维和空间感。在阅读区，提供大量的卡片、图书等，帮助幼儿养成良好的阅读习惯，提升他们的语言表达能力和知识水平。

（四）促进家园合作

在主题活动环境创设过程中，教师要经常与家长沟通互动，从而有效地促进家园合作。教师可以邀请家长参与到主题活动环境的设计和布置中来。例如，在"家庭与职业"主题活动中，教师可以邀请家长介绍他们的职业，并带来一些相关的道具和材料，从而让幼儿了解不同职业的特点和工作内容。教师也可以定期组织家长讲座和分享会，让家长介绍他们的专业知识和生活经验，为幼儿提供丰富的学习资源。例如，在"健康与安全"主题活动中，教师可以邀请医生家长到幼儿园讲解健康知识和急救常识，帮助幼儿掌握基本的健康和安全知识。教师还可以组织家长志愿者活动，让家长参与到幼儿园的日常活动和环境创设中来。例如，在"节日庆典"主题活动中，教师可以邀请家长一起布置教室，准备节日礼物，促进家园合作。

（五）重视对主题活动环境的安全管理

幼儿天生好奇、好动，同时生活能力和自我保护能力均较差，安全问题是自由活动顺利开展的首要问题。解决这个问题不是简单地限制幼儿活动，而是在环境创设过程中特别注意排除各种隐性的不安全因素。教师要时刻考虑幼儿的安全问题，增强幼儿的安全意识。关于主题活动环境创设过程中如何加强安全管理，是每位教师必须认真考虑的课题。以下的一些具体方法可供参考。

1. 经常检修教学玩具和活动设备

考虑到幼儿年纪小、自我保护能力弱等特点，教师需要定期检查教室、走廊、户外活动场地的设施，发现问题及时处理。例如，检查滑梯的稳定性、秋千的链条是否完好、桌椅的边角是否有损坏等，确保每一项设施都能够安全使用。在教室内，教师应定期检查家具和教学工具，确保它们没有损坏或松动的部分。比如，椅子和桌子的边角应该做圆滑处理，以防幼儿碰撞受伤。在教室外，楼梯和走廊的护栏高度应适合幼儿的身高，确保他们在活动时不会翻越或被卡住。

2. 多使用软饰材料

为提供一个安全、舒适的活动环境，教室应尽量使用软饰材料。比如，护墙应采用卡通布软饰或彩色人造革软饰，这不仅能避免幼儿碰撞受伤，还能通过卡通图案增加趣味性。室内和走廊应采用木板铺地，户外场地铺设有图案的塑胶地面，这些材料能够降低幼儿摔倒受伤的风险。安全地垫可以为幼儿进行坐地活动时提供缓冲，防止受伤。大型玩具宜多采用充气的、帆布的，这些材料既轻便又安全，能够避免幼儿在游戏过程中受到重物伤害。

3. 谨慎选择材料

在创设主题活动环境时，教师应选择环保无毒的材料，避免使用可能对幼儿健康有害的物质，从而为幼儿提供一个健康、安全的活动环境。教师在选择材料时，应注意以下几点：避免使用含有害物质的材料，选择符合环保标准的无毒材料，有效降低幼儿接触有害物质的风险；尽量选择天然材料，如木材、棉布、麻布等，这些材料不仅环保无毒，还能为环境增添自然气息，帮助幼儿建立与自然的亲近感；在使用废旧材料时，教师应对材料进行严格的净化处理，如清洗废旧纸箱、瓶子等，去除可能存在的污垢，确保材料的清洁和安全；对所有材料进行明确的标识和分类，在材料上贴上标签，注明来源、使用方法和注意事项等。

4. 增强幼儿的安全意识

教师在主题活动环境创设过程中，不仅要注重材料和设施的安全，还要注重增强幼儿的安全意识。教师可以通过安全教育和培训，帮助幼儿掌握基本的安全知识与技能，确保幼儿在活动中的安全。为确保幼儿的安全，增强幼儿的安全意识，教师应做到以下几点。第一，安全培训：定期参与安全培训，学习安全管理知识和应急处理技能。例如，学习如何检查和维护教学设备，如何处理突发安全事故，等等。第二，安全教育：通过游戏、故事等形式，对幼儿进行安全教育，帮助他们了解基本的安全知识与自我保护技能。例如，通过模拟演练，让幼儿学习如何正确使用教室设施，如何在遇到紧急情况时进行自我保护。第三，安全检查：建立定期的安全检查制度，及时发现和排除环境中的安全隐患。教师应每天进行环境巡查，检查教室、走廊、户外活动场地等，确保所有设施和材料的安全性。第四，安全记录：建立安全记录制度，详细记录安全检查、培训和事故处理情况，及时总结经验教训，不断改进安全管理工作。

5. 家长的参与和支持

家长是幼儿安全的重要保护者，教师在主题活动环境创设过程中，应积极争取家长的参与和支持，共同为幼儿创造一个安全的学习环境。

教师可以通过家长会、家长信等方式，与家长沟通安全管理的重要性和具体措施，争取他们的理解和支持。例如，教师可以在家长会上介绍幼儿园的安全管理制度，回答家长的疑问和担忧，邀请家长参与环境创设中的安全管理工作，请家长帮助检查和维护教学设备，丰富环境内容；建议家长在家中进行安全教育，帮助幼儿掌握更多的自我保护技能，如教幼儿如何正确使用家用电器、如何应对火灾等紧急情况等。

在主题活动环境创设过程中，安全管理是一项系统工程，需要教师、幼儿和家长的共同努力。只有确保安全，才能真正实现环境的教育功能，激发幼儿的学习兴趣和探索欲望，促进他们全面发展。因此，教师在主题活动环境创设过程中，应始终将安全放在首位，通过科学合理的管理措施，为幼儿创造一个安全、舒适、富有启发性的学习环境。

第四节　幼儿园主题活动环境创设的创新路径与案例

一、创新路径

随着教育理念和技术的不断进步，幼儿园主题活动环境创设需要不断创新，以更好地满足幼儿的发展需求。创新环境创设不仅能够激发幼儿的学习兴趣和探索欲望，还能提供更丰富的学习资源和互动体验（图4-11）。

图 4-11　幼儿园主题活动环境创设的创新路径

（一）鼓励幼儿参与，促进幼儿自主性探索

在主题活动环境创设过程中，教师应充分尊重幼儿的主体地位，鼓励幼儿积极参与到环境的布置和设计中来。例如，教师可以通过组织"幼儿环境设计师"活动，尽可能多地收集幼儿的想法和创意，这不仅能激发幼儿的创造力，也能增强他们对环境的归属感和责任感，还能培养他们的自主性和问题解决能力，因为他们在环境创设过程中遇到的各种实际问题，需要他们自己思考和解决。幼儿参与环境创设的方式，可以先通过投票、讨论会等多种形式，收集他们的意见，并将这些意见实际应用到环境设计中，然后根据他们的建议进行布置。这样，不仅能使环境更加符合幼儿的兴趣，还能培养幼儿的决策能力和团队合作精神。为了更好地促进幼儿的自主性探索，可以在活动设计初期设置"幼儿创意墙"，让幼儿通过绘画、粘贴图案等方式表达他们的想法。教师可以对幼儿的创意进行筛选和整理，然后将其纳入实际的环境创设中。例如，在设计"森林探险"主题活动时，幼儿提出了建造树屋、布置小溪等想法，教师则可以根据实际条件，尽量实现孩子们的创意。这种方式不仅能让孩子们感受到自己的创意被重视，还能激发他们的创造力和动手能力。

鼓励幼儿直接参与环境布置过程。例如，在"农场生活"主题活动中，幼儿可以参与搭建小型农场设施，如种植区域的规划、动物栏舍的设置等。在这个过程中，幼儿不仅可以学习到实际操作技能，还能增强团队合作精神和责任感。教师在此过程中应扮演指导者和支持者的角色，为幼儿提供必要的帮助和安全保障，但应尽量避免过多干预，充分尊重幼儿的主体地位。

（二）为幼儿提供多感官体验，增强与环境的互动性

幼儿园主题活动环境的创设应为幼儿提供多感官体验，为他们营造

一个全方位的感知环境。多感官体验能够激发幼儿的好奇心和探索欲，促使他们在参与活动的过程中，不断发现和学习新知识。例如，在"秋天的收获"主题活动中，教师可以设置一个果蔬区，幼儿既可以通过触摸各种果蔬，感受它们的形状、质地，还可以通过品尝，了解不同果蔬的味道。这种多感官的体验不仅能让幼儿更全面地了解果蔬的特性，还能增强他们对自然界的兴趣和热爱。

在环境创设过程中，教师还可以设计一些互动性强的体验环节。例如，在"动物世界"主题活动中，教师可以设置一个动物触摸区，让幼儿通过触摸各种动物模型或安全的活体动物，感受不同动物的皮毛质感和温度；在"音乐世界"主题活动中，教师可以设置一个声音体验区，通过各种乐器和声音设备，让幼儿感受不同乐器的音色和声音的变化。在"香料世界"主题活动中，教师可以设置一个气味探索区，展示各种香料和植物的气味，让幼儿通过闻气味了解不同香料的特点；在"美食之旅"主题活动中，幼儿可以设置一个品尝体验区，让幼儿通过品尝各种食品了解不同食品的味道和口感。这种多感官的体验不仅能让幼儿获得全面的感知体验，还能增强他们对不同事物的兴趣。

多感官的互动体验，可以显著增强主题活动环境的互动性和趣味性，使幼儿在参与活动的过程中，更深刻地理解和感受主题的内涵。这种方法在幼儿园主题活动环境创设中，是一种行之有效的创新路径，可以显著提升主题活动的效果和质量。

（三）结合现代科技，打造智能化学习环境

通过引入智能化设备，如互动白板、触摸屏、虚拟现实（virtual reality, VR）和增强现实（augmented reality, AR）技术等，可以使主题活动环境更加生动有趣。例如，在"宇宙探险"主题活动中，利用 VR 技术，幼儿可以体验太空旅行，了解星球知识，极大地激发他们的学习兴趣和好奇心。

智能化学习环境不仅能提供更多样化的学习资源，还能根据幼儿的兴趣和学习进度进行个性化的调整。例如，互动白板可以播放各种生动有趣的动画和视频，帮助幼儿理解复杂的科学知识；触摸屏可以让幼儿进行互动游戏，锻炼他们的逻辑思维和动手能力；AR 技术可以让幼儿在虚拟的真实环境中进行探索和学习。为了更好地结合现代科技，主题活动中可以设置科技体验区。例如，"机器人世界"主题活动中可以设置一个机器人体验区，让幼儿通过编程和操作机器人，了解机器人的工作原理和应用场景；"科学实验室"主题活动中可以设置一个科学实验区，让幼儿通过动手进行实验，探索科学奥秘。智能化设备的应用，可以有效提升幼儿的学习效率和学习兴趣。例如，在"数学乐园"主题活动中，幼儿可以通过互动白板和数学游戏软件在游戏中学习数学知识，提升他们的数学思维能力；在"语言天地"主题活动中，幼儿可以通过触摸屏和语言学习软件，学习语言知识，提升他们的语言表达能力。

　　总的来说，智能化学习环境可以显著提升主题活动环境的科技含量，使幼儿在参与活动的过程中，更好地理解和掌握知识。

（四）突出本土文化，增强幼儿的文化认同感

　　将本土文化元素融入主题活动环境创设中，能够让幼儿更全面地了解本土的文化传统，有效增强他们的文化认同感。例如，在"传统手工艺"主题活动中，可以设置传统工艺体验区，如剪纸、绘画、泥塑等，让幼儿在动手实践中感受传统文化的魅力，同时培养他们的动手能力和创造力。在"春节"主题活动中，可以设置一个年货市场区，让幼儿体验购买年货的过程，了解各种传统年货的意义和制作方法；在"中秋节"主题活动中，可以让幼儿参与制作月饼和灯笼，了解中秋节的传统习俗和传说故事。这种直接参与的方式，不仅能让幼儿对传统文化有更深刻的认识，还能增强他们的文化自豪感和归属感。

　　为了更好地突出本土文化，可以在主题活动中设置文化展示区。例

如，在"地方风情"主题活动中，可以设置一个地方特色展示区，用来展示地方特色的服饰、工艺品和食物，让幼儿了解不同地方的文化特色；在"民间传说"主题活动中，可以设置一个传说故事区，通过图画、雕塑等形式，展示各种民间传说和故事，让幼儿了解这些传说和故事的背景和意义。除展示区之外，还可以设置文化体验活动区。例如，在"传统工艺"主题活动中，可以组织幼儿参观传统工艺作坊，了解工艺品的制作过程和文化背景，并学习制作传统工艺品；在"民俗节庆"主题活动中，可以组织幼儿参与当地的民俗节庆活动，体验传统节庆的氛围和习俗，增强他们对本土文化的认同感和归属感。

（五）引入生态元素，培养幼儿的环保意识

将生态元素融入主题活动环境创设中，能够培养幼儿的环保意识。生态环境的创设不仅可以让幼儿了解环保知识，还能培养他们的环保行为。例如，幼儿园可以设置一个"环保角"，用来展示环保知识和环保产品，让幼儿了解如何进行垃圾分类、节约用水、节约用电等；教师可以组织幼儿进行"环保小卫士"活动，让他们参与清理校园、种植树木等活动，从而培养他们的环保意识。

为了更好地创设主题活动环境，可以在主题活动中设置生态体验区。例如，在"探秘森林"主题活动中，可以设置一个森林生态区，用来展示森林植物和动物的图片，让幼儿了解森林生态系统的运作方式；在"海洋探秘"主题活动中，可以设置一个海洋生态区，用来展示海洋生物的图片和模型，让幼儿了解海洋生态系统的多样性和复杂性。除设置生态体验区之外，还可以组织生态相关的游戏，进一步增强幼儿的环保意识。例如，在"环保小卫士"主题活动中，可以组织幼儿进行垃圾分类游戏，让他们在游戏中学习如何区分不同类型的垃圾；在"绿色行动"主题活动中，可以组织幼儿参与植树和清理垃圾的活动，通过亲身实践增强他们的环保意识。

（六）创设情境化环境，丰富沉浸式体验

创设情境化环境可以使幼儿在类真实的情境中进行学习和体验，从而增强他们的认知能力和实践能力。例如，在"消防员"主题活动中，可以模拟火灾现场，幼儿则扮演消防员进行灭火演练，从而了解火灾的危害和灭火的方法；在"医生"主题活动中，可以模拟一座医院，幼儿则扮演医生和护士进行医疗救治，从而了解医学知识和急救方法。通过这种情境化的学习方式，幼儿不仅能获得知识，还能在实际操作中锻炼动手能力和应变能力。

为了更好地创设情境化环境，可以在主题活动中设置情境体验区。例如，在"城市探秘"主题活动中，可以设置一个城市模拟区，用来展示城市的建筑和设施，幼儿则通过扮演不同角色，了解城市的运作方式和生活场景；在"历史探秘"主题活动，可以设置一个历史场景区，通过展示历史文物和复原历史场景，让幼儿了解历史事件的发生背景和意义。除设置情境体验区之外，还可以通过互动游戏和活动，进一步丰富幼儿的沉浸式体验。例如，在"海盗探险"主题活动中，可以组织幼儿进行寻宝游戏，通过设置各种线索和谜题，让幼儿在游戏中体验海盗的冒险生活；在"太空探秘"主题中，可以组织幼儿模拟太空任务，通过操作模拟设备和进行科学实验，让幼儿体验太空探险的过程。

（七）构建网络环境，拓展学习空间

随着信息技术的迅猛发展，网络环境在教育中的应用越来越广泛。通过构建网络环境，可以为幼儿园主题活动环境创设提供丰富的资源和互动平台，提升教育效果。

教师可以通过互联网获取丰富的教育资源，为主题活动提供有力的支持。例如，教师可以通过教育网站、在线课程平台、教育应用程序等途径获取各种主题活动所需的资料，对获取的资料进行整合，则可以形

成系统的教学资料库，方便在教学过程中随时调用。例如，在"动物王国"主题活动中，教师可以通过整合有关动物的图片、视频、互动游戏等形成一个完整的教学资源库。教师还可以通过网络平台，与其他教师共享教育资源，在教育论坛、教师社群、教育资源网站等平台上分享自己的教学资源和经验，互相借鉴和学习。例如，教师可以在教育博客上发布自己制作的教学课件和活动方案，与其他教师交流和讨论。

在线互动与协作平台为幼儿园主题活动提供了便捷的互动与协作工具，有利于增强幼儿的参与感。通过在线互动平台，教师可以与幼儿进行实时互动和交流；通过教育直播平台，教师可以在线上课，与幼儿进行互动问答、讨论和分享；通过即时通信工具，教师可以与幼儿进行文字、语音和视频交流，解答他们的疑惑；通过在线协作平台，教师可以与幼儿进行项目合作和任务分配；通过在线白板，教师可以与幼儿共同绘制主题图画、制订项目计划；通过协作文档工具，教师可以与幼儿共同编写活动报告、记录活动过程；通过家园互动平台，教师可以与家长进行有效沟通和合作，共同支持幼儿的发展；通过家园共育平台，教师可以与幼儿家长分享幼儿的学习进展、活动照片和视频，邀请家长参与到主题活动中来，共同制订教育计划。

VR 和 AR 技术为幼儿园主题活动提供了身临其境的学习体验，有利于增强幼儿的学习兴趣，提升他们的活动参与度。例如，在"宇宙探险"主题活动中，教师可以通过 VR 设备带领幼儿进行虚拟的太空旅行，让他们感受宇宙的神秘和壮丽。在"海洋探险"主题活动中，教师可以通过 VR 设备让幼儿体验深海探险的过程，观察各种海洋生物。通过 AR 技术，教师可以将虚拟的教育内容与现实环境相结合，增强幼儿的学习体验。例如，在"动物王国"主题活动中，教师可以通过 AR 应用展示三维的动物模型，让幼儿与它们互动。在"植物的生长"主题活动中，教师可以通过 AR 应用展示植物的生长过程，让幼儿直观地了解植物的生长规律。通过教育游戏和应用程序，教师可以为幼儿提供丰富的互动学习资源。例如，幼儿可以通过教育游戏学习各种知识和技能，增强他们的学习兴趣和动手能力；幼儿可以通过教育应用程序进行虚拟实验、互动故事、知识问答等活动，全面提升他们的学习效果。

在构建网络环境时，网络安全与管理是一个重要的问题。教师需要确保网络环境的安全性，保护幼儿的个人信息。因此，教师需要对幼儿进行网络安全教育，教他们如何安全上网、保护个人信息、避免网络欺诈等，从而增强幼儿的网络安全意识和自我保护能力。教师也需要对幼儿的网络访问进行管理，通过网络过滤软件、家长控制工具等，限制幼儿访问不良网站和内容。教师还需要保护幼儿的个人信息，通过加密技术、隐私设置、权限管理等措施，保护幼儿的个人信息不被泄露和滥用。

二、相关案例分析

在传统的主题活动环境中，儿童也能获得丰富的学习体验，但仍存在一些问题，如活动形式单一、幼儿参与度不高等。因此，B幼儿园决定探索新的路径，进行主题活动环境创新，以提升活动的趣味性和教育效果。

教师团队首先进行了详细调研，参考了国内外典型的幼儿园创新案例，了解了不同主题活动在创设过程中的成功经验和存在的问题。此外，他们还进行了家长和儿童的需求调查，了解了家长对创新主题活动的期望和儿童的兴趣爱好。根据调研结果，B幼儿园制定了一系列创新路径的初步规划，包括跨学科融合、虚拟现实体验、户外探险、社区参与等。每个创新路径的主题活动都设定了明确的教育目标。例如，跨学科融合主题旨在打破学科界限，通过综合性学习培养儿童的综合素质；虚拟现实体验主题则旨在利用现代科技，丰富幼儿的沉浸式体验；户外探险主题侧重于培养儿童的探险精神和自然知识；社区参与主题侧重引导儿童参与社区活动，从而增强他们的社会责任感和实践能力。

在跨学科融合主题活动中，教师团队设计了一系列综合性学习项目。例如，他们将科学、艺术和语言融合在一起，开展了创意科学实验项目。在这个项目中，幼儿通过进行科学实验学习自然科学知识，同时通过绘画和手工制作展示实验结果，并用语言描述和分享自己的发现。教室内设有科学实验区、艺术创作区和展示区，并相应提供了丰富的实验材料、绘画工具和展示板，幼儿可以自由选择和组合使用这些材料进行跨学科学习。在虚拟现实体验主题活动中，教师团队利用现代科技，为幼儿提供了沉浸式学习体验。例如，在"宇宙探险"项目中，幼儿通过 VR 设备能够置身虚拟的宇宙空间，从而探索宇宙现象。教室内设置的 VR 体验区配备了高质量的 VR 设备和丰富的虚拟场景资源，幼儿可以在虚拟世界中自由探索和学习。

在创新路径的主题活动设计和实施过程中，教师团队根据每个主题的教育目标，精心设计了一系列丰富多彩的活动。例如，在跨学科融合主题活动中，教师团队设计了创意科学实验、综合艺术创作和多学科展示等活动，幼儿可以通过综合性学习，提升他们的综合素质。在虚拟现实体验主题活动中，教师团队设计了宇宙探险、海底世界和历史重现等活动，幼儿可以通过 VR 设备进行沉浸式体验。在这些活动中，幼儿不仅能学习丰富的知识，还能提升他们的科技素养和创新能力。在创新路径的主题活动实施过程中，教师团队需要不断进行评估和调整，通过观察儿童的活动表现，了解每个活动的效果和存在的问题，并根据评估结果，及时进行调整和改进，确保每个活动都能达到预期的教育目标。

通过创新主题活动环境创设，B 幼儿园不仅丰富了教育内容，还为幼儿提供了更多自主探索和个性化发展的机会，提升了他们的综合素质和能力，最终实现了幼儿自主性和个性化发展的目标。

第五章　幼儿园户外环境的创设

第一节　幼儿园户外环境创设的基本要求及意义

户外环境是幼儿园环境的重要组成部分，是保障幼儿户外活动质量的基本物质基础，同时是幼儿园教育的重要资源。它不仅为幼儿提供了接触自然、锻炼身体和探索世界的机会，还能促进幼儿的社会性发展和情感成长。

一、幼儿园户外环境创设的基本要求

户外环境不仅是幼儿进行体育活动、探索自然和社交互动的主要场所，还是他们获得宝贵学习经验的空间。因此，明确幼儿园户外环境创设的基本要求至关重要（图 5-1）。

符合规范，保证安全　　　因地制宜，利用资源　　　层次分明，注重探索

图 5-1　幼儿园户外环境创设的基本要求

（一）符合规范，保证安全

户外活动区是幼儿自由活动的场所，但同时是安全隐患较多的地方。无论是场地规划设计不合理，还是游戏设施的安装与维护不到位，都是引发安全事故的因素。例如，如果空间布局拥挤或设施摆放杂乱，幼儿在玩耍时容易发生碰撞，增加受伤风险。设施的老化，如脱落的零件等，也可能伤害幼儿。因此，幼儿园的户外环境创设必须严格遵守相关法规和标准，以保障幼儿的安全。具体来讲，所有设施的设计必须符合国家和地方的安全标准，确保不会对幼儿造成任何潜在的危险。设施的边角应设计成圆滑状，避免尖锐棱角，防止幼儿在玩耍时受伤。设施的高度和操作方法应适合幼儿的身心发展水平，确保在使用过程中不会因设施过高或不牢固而导致摔伤或其他意外。

在材料的选择上，应避免使用有毒有害材料，确保所有接触面的安全性。比如，地面材料应具有防滑功能，减少摔倒的风险。同时，所有设施应定期检查和维护，及时修补破损部件，确保始终处于良好的使用状态。这不仅可以防止意外事故的发生，还可以延长设施的使用寿命。幼儿园应建立完善的安全管理制度，包括日常检查和应急处理措施。教师和工作人员应接受相关培训，具备基本的急救知识和技能。在日常活动中，教师应始终保持对幼儿的关注，及时发现和排除安全隐患，确保每一个幼儿都能在安全的环境中快乐成长。

（二）因地制宜，利用资源

在创设幼儿园户外环境时，应充分利用当地的自然条件和资源特点，因地制宜地进行规划和设计。比如，可以将当地有特色的天然植被融入幼儿园户外环境创设中，形成具有生态特色的活动空间。这样不仅能节约成本，还能为幼儿提供更丰富的自然体验机会。幼儿园应充分利用当地的自然资源，如河流、湖泊或山丘，设计一些贴近自然的活动项目，提升幼儿的户外活动兴趣和参与度。

在资源利用方面，幼儿园还应注重节能环保。通过合理设计和科学管理，可以最大限度地利用自然条件和资源，减少能源消耗。同时，选用环保材料和可再生资源，可以减少对环境的负面影响。这不仅符合现代环保理念，还能培养幼儿良好的环保意识。

（三）层次分明，注重探索

幼儿园户外环境创设应注重层次感，以使幼儿在不同的区域和层次中获得多样化的体验和探索机会。场地规划应考虑到幼儿的年龄特点和发展需求，设计适合不同年龄段幼儿的活动区域。比如，较小的幼儿更适合安全性更高的游戏区，而年龄较大的幼儿更适合有更多挑战性的探险区。各类活动区域应具备明显的功能分区和层次结构，以使幼儿在不同的区域中进行有目的的探索和学习。例如，艺术活动区可以设置不同层次的创作空间，从简单的涂鸦到复杂的手工制作，让幼儿在逐步提高的过程中不断获得成就感。场地设计应注重引导幼儿主动探索和发现，通过设置一些具有挑战性和趣味性的设施，激发他们的探索欲望。例如，可以设计一些隐藏在植被中的小径、迷宫或者攀爬架等，让幼儿在活动中不断有新发现从而培养他们的探索精神。同时，应注意营造一个充满想象力和创造力的环境，通过设置不同的场景和主题，激发幼儿的想象力和创造力，使他们在户外活动中获得更丰富的成长体验。

二、幼儿园户外环境创设的重要意义

户外环境提供了丰富多样的体验机会，能够让幼儿在与大自然和同伴的互动中获得成长和乐趣。因此，重视和优化幼儿园户外环境创设，对培养全面发展的幼儿具有重要意义（图5-2）。

图 5-2　幼儿园户外环境创设的重要意义

（一）促进幼儿身体健康

在成长过程中，幼儿需要大量的身体活动来促进骨骼、肌肉和神经系统的发育。在户外的跑步、攀爬等体育活动，能够有效促进幼儿的身体发育和运动技能的提升。

幼儿可以在户外自由奔跑、跳跃和攀爬等，这些运动不仅有助于增强幼儿的肌肉力量，还可以增强他们的协调性和平衡感。户外活动不仅是简单的身体运动，还能增强幼儿的心肺功能。通过跑步、跳绳等有氧运动，幼儿的心脏和肺部都能得到良好的锻炼，从而增强心肺功能。良好的心肺功能可以促进血液循环，提高氧气输送效率，从而增强免疫力，促使幼儿的整体健康状况得到显著改善。强壮的身体和良好的健康状况不仅有助于幼儿的身体发育，还能为他们的学习和生活提供强有力的支持。

户外为幼儿提供了一个宽敞、自由的活动空间，使他们能够在大自然中尽情玩耍和探索。这种自由活动可以通过释放他们的精力缓解他们的紧张和压力。通过户外活动，幼儿可以发展对运动的兴趣和热爱，逐渐养成坚持锻炼的好习惯；还可以学习如何正确运动，如何保护自己免受运动伤害，以及如何在运动中与同伴开展合作与竞争。除身体健康之外，户外活动还可以促进幼儿的心理健康。参与户外活动有助于幼儿释放压力，缓解焦虑和不安。在户外参与运动和游戏，有利于幼儿获得成就感和自信心，而自信心的提升不仅可以使幼儿在其他活动中有更好的表现，还可以帮助他们形成积极的自我认知和健康的心理状态。

（二）促进幼儿对自然的探索

户外环境为幼儿提供了亲近自然的机会，有利于激发他们的好奇心和探索欲。在幼儿的成长过程中，好奇心和探索欲是推动他们学习和发展的重要动力。通过与自然环境的亲密接触，幼儿可以在观察和体验中积累丰富的知识和经验，深化对自然现象的理解，增强对科学探究的兴趣。

大自然是一个充满神奇和奥秘的世界，对幼儿来说，每一片叶子、每一朵花、每一只昆虫都充满了吸引力。在户外中，幼儿可以观察植物的生长、动物的行为和天气的变化，还可以体验到多种感官的刺激，如闻花香、听鸟鸣和触摸树皮，这些感官体验有助于促进他们感知能力和认知能力的发展。通过在自然环境中的探索，幼儿可以学习到许多课堂上难以获得的知识和技能。

在自然环境中的探索活动不仅能够丰富幼儿的知识储备，还能增强他们的观察能力和思维能力。通过仔细观察自然界中的细节，幼儿可以发展细致入微的观察力和敏锐的感知力。这些能力对他们将来的学习具有非常大的帮助。在探索过程中，幼儿可以学习如何从观察中获取信息，并将这些信息应用到实际问题的解决中，从而培养他们的独立思考和解决问题的能力。在自然环境中，幼儿还可以进行各种手工活动，如制作植物标本、搭建小型生态系统等。这些活动不仅可以提高他们的动手能力，还可以增强他们对自然科学的兴趣。通过实际动手操作，幼儿可以更好地理解和掌握知识，并将理论知识转化为实践技能。自然环境中的探索活动还可以丰富幼儿的情感体验，促进他们的情感发展。通过与大自然的亲密接触，幼儿可以体验到自然的美好和宁静，感受到与自然和谐相处的快乐。这种情感体验可以帮助他们形成积极的情感态度和健康的心理状态，从而促进他们学会尊重和爱护自然，增强环保意识和责任感。

（三）促进幼儿社会交往

在户外，幼儿可以与同伴进行更多的互动和交流，如参与团队合作、学习分享与互助的技能等。这些社会交往活动对幼儿的社会性发展至关重要。除与同伴互动和交流之外，在宽敞的户外，幼儿还有更多的机会进行自由游戏。自由游戏不仅能够促进他们的社交能力，还能增强他们的情感交流和表达能力。

户外环境的广阔性为幼儿提供了一个自由交往的平台。在这个平台，幼儿可以自由地与同伴进行互动，如他们可以在不同的活动区域，无论是游戏区、运动区还是自然探索区，找到与自己兴趣相投的伙伴。在互动过程中，幼儿可以学习如何与人交往，如何表达自己的意愿和需求，这对他们社交能力和语言表达能力的提升具有重要意义。在需要团队合作的活动中，幼儿需要与同伴共同完成任务，这要求他们学会分工合作、互相帮助和支持。在这个过程中，幼儿能够培养他们的合作能力及责任感和集体意识。团队合作的经验能够帮助幼儿理解团队的重要性，学会如何在团队中发挥自己的作用。而且，在与同伴的互动中，化解冲突和矛盾、处理分歧的过程，对幼儿的社会性发展和人际关系处理具有重要的帮助。自由游戏是幼儿社会交往和情感发展的重要途径。在自由游戏中，幼儿可以按照自己的意愿选择游戏内容和方式，与同伴一起玩耍和互动。在这个过程中，他们可以发展出自己的社交圈子，学会如何与同伴建立友谊，如何分享和合作。自由游戏还可以增强幼儿的情感交流和表达能力，通过游戏，幼儿可以表达自己的情感，释放内心的压力和情绪。

幼儿在户外环境中的社交活动不仅涉及简单的互动和交流，还包括丰富的情感体验。通过与同伴的互动，幼儿可以体验到友谊的快乐、合作的意义和成功的喜悦。这些情感体验对他们的情感发展具有重要意义。此外，在与同伴的互动中，幼儿可以通过自己的努力获得认可和赞赏，这对于他们建立和增强自信心和自尊心具有重要作用。

（四）激发幼儿的创造力和想象力

在户外，幼儿可以利用自然材料进行各种有创造性的游戏和活动，如搭建小屋、绘制图画和制作工艺品。这些活动不仅能够培养幼儿的动手能力和创造性思维，还能激发他们的想象力，增强他们的审美意识。在户外环境中，幼儿可以利用各种自然材料，如树叶、花瓣、石头和沙土等进行创作和游戏。这些自然材料不仅形式多样，还具有独特的质感和色彩，能够激发幼儿的创造灵感和想象力，培养他们的动手能力和创造性思维。在户外环境中，幼儿还可以自由选择创作的内容和方式，无论是绘画、雕塑还是建筑，他们都可以根据自己的兴趣和想法进行创作，自由地表达自己的想法和情感，从而发展他们独特的艺术风格和创作能力。

想象力是创造力的源泉，通过自由的创作和游戏，幼儿可以将自己的想象转化为具体的作品。在这个过程中，幼儿可以发展出丰富的想象力，培养出独特的艺术眼光和审美意识。此外，在创作过程中，幼儿需要利用各种工具和材料进行创作，这可以增强他们的实践能力，并对他们的综合能力发展具有重要帮助。

（五）为幼儿提供实践机会

户外环境为幼儿提供了丰富的实践机会。通过亲身体验，幼儿能够更好地理解和掌握知识。在室内环境中，学习往往是通过书本和教师的讲解进行的，而户外环境为幼儿提供了一个更加直观和生动的学习场景。通过与自然的互动，幼儿可以直接观察和体验到书本上难以呈现的知识和现象。

在种植活动中，幼儿可以通过参与植物的种植和照料，观察种子发芽、幼苗生长、开花结果等各个阶段，了解植物生长的过程及需要的条件。这样的实践活动不仅能加深幼儿对植物学知识的理解，还能培养他们的耐心和责任心。在动物观察中，幼儿可以通过观察动物的行为、生活环境和习性，学习关于动物的许多知识。这可以让幼儿对生态系统有更深的认识，理解生物之间的关系，增强他们的环保意识和保护自然的责任感。在户外探险中，幼儿可以学习到基本的生存技能，包括如何辨别方向、如何寻找食物和水源、如何搭建临时避难所等。这些生存技能的学习不仅可以增强幼儿的自我保护意识和应急能力，还可以锻炼他们的意志力和适应能力，增强他们面对困难和挑战时的勇气和信心。

户外环境中的学习，不是单纯的知识输入，而是一个探索和发现的过程。幼儿通过不断地尝试和实践，学习如何观察和思考，如何从实践中获取知识和经验。真实的学习体验不仅能够增强幼儿的学习兴趣，还能增强他们的记忆力和理解力。通过亲身体验和实际操作，幼儿能够更加深刻地理解所学知识，形成长久的记忆。在户外环境中，学习不再是一件枯燥乏味的事情，而是一个充满乐趣和挑战的过程。幼儿在参与过程中，不仅能够获得知识，还能够享受学习的乐趣，培养对学习的积极态度和热情。在户外活动中，幼儿难免会遇到各种问题和挑战，通过不断尝试和探索，他们学习如何思考和解决问题。这对他们的全面发展具有重要意义，不仅可以帮助他们在学习过程中克服困难，还可以为他们将来的学习和生活提供有力的支持。

第二节 幼儿园户外环境创设的整体规划与原则

在幼儿园户外环境创设过程中,科学合理的整体规划与遵循一定的原则至关重要。科学合理的整体规划不仅决定了环境的功能分区和使用效果,还直接影响幼儿的安全和活动体验。通过详细的规划,可以充分利用空间资源,设计出多样化的活动区域,满足不同年龄段幼儿的需求。幼儿园户外环境创设还需要遵循一定的原则,注重细节管理,以保证幼儿园户外环境的长期安全和良好使用效果。

一、幼儿园户外环境创设的整体规划

幼儿园户外环境创设的整体规划是确保环境安全可靠和富有教育意义的基础。科学合理的整体规划不仅可以为幼儿提供丰富多样的活动空间,还可以促进幼儿的全面发展。整体规划主要包括功能分区规划、动线设计和空间利用三个方面(图5-3)。

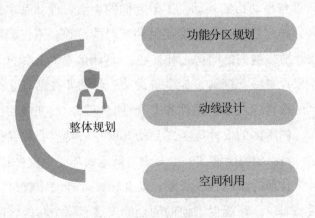

图5-3 幼儿园户外环境创设的整体规划

（一）功能分区规划

在幼儿园户外环境创设中，功能分区规划是首要任务。通过合理的功能分区，可以确保幼儿在不同的活动区域获得全面的发展。各功能区的设计应根据幼儿的身心发展特点和教育需求，科学规划，合理布局。

游戏区和运动区是幼儿园户外环境的重要组成部分。游戏区设置互动性强、趣味性高的游戏设施，如滑梯、秋千等，以促进幼儿的身体协调能力和社交能力的发展。同时，游戏设施的多样性和趣味性能够激发幼儿的探索欲，促进他们创造力和想象力的发展。运动区则包括各种运动设施，如跑道、篮球场等，旨在增强幼儿的体能，培养他们的运动兴趣和习惯。运动区的设施设计应考虑到幼儿的年龄和能力，确保运动的安全性和挑战性，帮助幼儿在运动中获得成就感和自信心。自然探索区是幼儿接触大自然、进行科学探索的重要场所。这里可以设置花草树木、沙土水池等，让幼儿通过观察和动手实践，了解自然界的奥秘，激发他们的好奇心和求知欲。种植区和养殖区是培养幼儿劳动意识和环保意识的重要场所。幼儿可以在种植区亲手种植花草、蔬菜，了解植物的生长过程，体验劳动的乐趣。在养殖区，幼儿可以饲养一些小动物，如兔子、鸡等，并通过与小动物的互动，了解它们的生活习性和基本需求，学会如何照顾和保护它们。这种亲密接触和照料的过程，不仅能培养幼儿的责任感，还能增强他们的同情心和爱心。休闲区是幼儿休息、放松的场所。这里可以设置一些座椅、凉亭等设施，供幼儿在活动之余休息和交流。休闲区的设计应注重舒适性和安全性，以帮助幼儿缓解疲劳，恢复体力。同时，休闲区的设计应考虑到幼儿的身心特点，并提供适合他们的休息设施，确保他们能够在一个安全、舒适的环境中放松和休息。

通过科学合理的功能分区规划，幼儿园户外环境不仅可以满足幼儿多样化的活动需求，还能促进他们的全面发展。每个功能区的设计都应充分考虑幼儿的身心发展特点和教育需求，并提供丰富多样的活动机会，以助力幼儿在游戏、运动、探索和劳动中快乐成长。

（二）动线设计

合理的动线设计不仅可以提高环境的使用效率，还能有效避免人流拥挤和碰撞，保障幼儿的安全。

主动线是连接各主要功能区的主要通道，应设计得宽敞、平整，确保幼儿在活动时能顺畅通行。主动线的宽敞设计可以减少由空间狭窄导致的拥挤和碰撞。此外，主动线的平整设计，可以避免高低不平的地面造成的幼儿摔倒或绊倒的风险。次动线则是连接各次要功能区的辅助通道，可以设计得相对狭窄一些，但也要保证通行的便利性和安全性。次动线的设计应避免过度狭窄，且要分布合理，以确保幼儿在活动时能够安全通行并能在不同的活动区域之间顺畅移动。

动线的设计应保证连续性和流畅性，避免出现死角和断点。各功能区之间的动线应形成一个完整的网络，使幼儿可以自由地在各区域之间穿行，进行各种活动。动线的铺设材料应具有防滑功能，这不仅可以有效降低幼儿在地面潮湿时的滑倒风险，还可以提供更好的抓地力，增强幼儿行走的稳定性。游戏区和运动区之间可以设计一些缓冲带，如草坪或沙地，既能减缓人流速度，防止人流过大导致的拥挤和碰撞，又能为幼儿提供额外的活动空间，使他们在移动过程中也能进行一些简单的游戏和活动。

（三）空间利用

合理的空间利用，可以最大限度地发挥场地的作用，为幼儿提供更大的活动空间。除平面的空间利用之外，垂直空间的利用也是一个需要重点考虑的因素。例如，幼儿园可以在活动场地设置一些攀爬架、滑梯等设施。攀爬架和滑梯等设施能够锻炼幼儿的身体协调能力和冒险精神。通过攀爬，幼儿的手臂力量、腿部力量和平衡能力都能得到有效提升。

需要注意的是，在设计这些设施时，需要考虑幼儿的年龄和能力，确保设施的高度和结构的安全可靠。

在整体规划中，应注意对边角空间的利用，避免空间浪费。例如，可以在一些边角空间设置小型的休息区或迷你花园，这样既能美化环境，又能提供独立的小空间，供幼儿进行静态活动或交流。具体来讲，休息区可以设置一些舒适的座椅和遮阳设施，为幼儿提供一个安静的休息和放松的空间。迷你花园可以种植一些花草，为幼儿提供一个观察和探索的自然环境。通过对边角空间的合理利用，不仅可以提高空间利用率，还能为幼儿提供更多样化的活动选择和体验。

幼儿园还可以设计一些可移动的活动设施，以便根据不同的活动需求，随时调整空间布局，从而满足不同的需求。比如，可以设计一个多功能操场，平时用于幼儿的体育活动和游戏活动，特定时间可以转换为表演场地或教学场地。这样的设计不仅能最大化利用空间，还能为幼儿提供丰富多彩的活动内容，促进他们的全面发展。

考虑到天气和季节因素的影响，幼儿园应设置一些可遮阳或避雨的设施，如凉亭、遮阳棚等，确保在不同的天气条件下，幼儿都能进行户外活动。幼儿园还应根据季节变化，调整活动区域和设施的使用频率和方式，确保每个季节都有适合幼儿的户外活动。对天气和季节因素的考虑，不仅能提高空间利用的灵活性，还能增强幼儿对自然环境的适应能力。

二、幼儿园户外环境创设的原则

幼儿园户外环境创设的原则包括安全第一、以幼儿为中心、融入自然元素、结合美观与创意、平衡教育与娱乐以及协调动态与静态活动（图5-4）。通过这些原则的实施，可以为幼儿营造一个既安全又富有教育意义的户外活动空间。

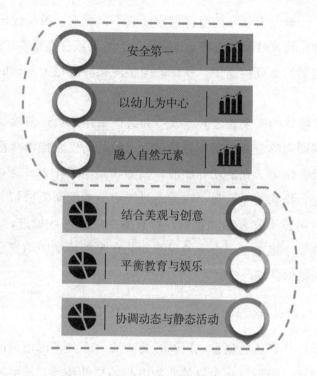

图 5-4 幼儿园户外环境创设的原则

（一）安全第一

幼儿的安全是幼儿园户外环境创设的首要原则。任何户外活动和设施都必须确保幼儿的安全，在设计和建设时，都应充分考虑幼儿的身体特点和行为习惯，避免潜在的危险和安全隐患。

幼儿在户外活动中往往好奇心强但自我保护能力较差，容易忽视潜在的危险。因此，在创设户外环境时，需要充分考虑他们的行为特点，采取预防性措施。例如，在高处安装防护网、防护栏，防止幼儿因攀爬而跌落；在有水的区域设置安全标识和防护措施，防止溺水事故的发生。地面材料的选择应以柔软、安全为主，如采用橡胶、草坪等材料，减少摔倒受伤的可能性。游乐设备的材质应符合安全标准，环保无毒，结构应稳固可靠，避免对幼儿的身体健康造成不良影响。游乐设施的设计也应考虑到幼儿的年龄和发育特点，避免过于复杂或存在潜在危险的设计。例如，攀爬架的高度应适中，秋千的坐垫应柔软舒适，滑梯的坡度不宜过陡。

除保证硬件的安全性之外，教师和其他工作人员还应接受必要的安全培训，培训内容应涵盖基础急救知识、设备的安全操作规程、紧急情况下的应对策略等。在活动开始前，教师和其他工作人员应对场地和设备进行检查，排除安全隐患。在活动过程中，教师需要密切关注幼儿的行为，及时纠正不安全的动作，并对有潜在危险的区域进行有效管控。通过一系列安全措施，可以有效保障幼儿在户外环境中的安全，为他们的健康成长提供良好保障。

（二）以幼儿为中心

幼儿园户外环境的创设应以幼儿为中心，充分考虑他们的需求、兴趣和发展特点。而设计一个以幼儿为中心的户外环境，需要从多个方面入手，确保环境能够满足幼儿的多样化需求，激发他们的兴趣和创造力。

其一，环境创设需要尊重和关注幼儿的兴趣和需求。不同年龄段的幼儿有着不同的活动需求和兴趣点，因此，户外环境应提供多样化的活动区域和设施，以满足幼儿的不同需求。比如，较小的幼儿可能更喜欢在沙坑中进行挖掘和堆砌的活动；稍大一些的幼儿则可能更喜欢攀爬架、滑梯等更具挑战性的设备。其二，环境创设需要听取幼儿的意见，这不仅能使环境更符合幼儿的需求，还能增强幼儿的主人翁意识和参与感。其三，环境创设应关注幼儿的身心发展特点，提供适宜的活动空间和设施。幼儿的身体尚未完全发育，他们的动作协调性、力量和耐力都需要逐步锻炼。因此，户外环境中的设施应具备一定的多样性和挑战性，以既能满足不同发育阶段幼儿的需求，又能激发他们的探索欲和创造力。比如，设置攀爬架、平衡木等设备，可以帮助幼儿锻炼平衡和协调能力；

设置秋千、滑梯等设施，能够促进幼儿的力量和耐力发展。其四，除身体发展的需求之外，幼儿在认知方面也有着独特需求。户外环境应为幼儿提供丰富的感官刺激和自由探索机会，以激发幼儿的好奇心和求知欲。比如，可以设置植物园、昆虫观察区等区域，让幼儿在亲近自然的过程中，学习和观察自然界的现象，培养他们的观察力和探究精神。通过亲身体验和探索，幼儿能够获得更多的知识和经验，从而促进认知能力的发展。其五，户外环境的创设应注重幼儿情感发展的需求，为幼儿创造一个自由、开放、充满关爱的环境。在这样开放的空间和多样化的活动区域中，幼儿可以自由表达自己的想法和情感，与同伴互动与合作，建立良好的社交关系，从而发展社会交往和合作能力，增强自信心和自尊心。

（三）融入自然元素

自然是最好的老师。幼儿园的户外环境应尽可能融入自然元素，从而使幼儿在与自然的接触中学习和成长。通过引入花草、树木、沙土、水等自然元素，不仅可以美化环境，还可以为幼儿提供丰富的感官体验和学习资源。这些自然元素有助于培养幼儿的观察力和探究精神，深化他们对自然和生命的认知与理解。

在户外环境中设置花坛、菜园、昆虫观察区等区域，可以让幼儿在实际操作中学习有关自然和生命的知识。幼儿在观察植物的生长变化的过程中，会逐渐认识到季节的变化和自然界的规律，从而增强他们的观察力和探究精神。除植物之外，昆虫观察区也能为幼儿提供丰富的学习资源。幼儿可以在观察昆虫的过程中，更加直观地认识昆虫的多样性，了解昆虫的生活习性和生命周期。这种亲近自然的体验，有助于增强幼儿的环保意识和责任感，使他们更加珍惜和爱护自然环境。水是自然元素中不可或缺的一部分，在户外环境中引入水元素，可以为幼儿提供更多的探索和学习机会。幼儿可以通过玩水、观察水的流动和变化，了解水的物理特性和水循环的基本知识。水元素还可以通过设置小溪流、喷泉等方式，增强整体环境的美感，为幼儿提供更多的感官刺激和探索机会。

自然环境还能够带给幼儿宁静和愉悦感，帮助他们放松身心，提升情绪调节能力。自然景观中的花草树木、潺潺流水和鸟语花香，能够为幼儿提供一个安静、舒适的环境，帮助他们稳定情绪，释放压力，缓解紧张情绪，从而增强他们的心理适应能力。

（四）结合美观与创意

一个美观、具有创意的环境不仅能够吸引幼儿的注意，还能培养他们的审美意识和创造力。幼儿园在创设户外环境时，应注重色彩的搭配、形状的设计和细节的处理，以使整个环境充满美感和趣味。

鲜艳的色彩能够吸引幼儿的注意，激发他们的兴趣，提升他们的活动参与度。在选择色彩时，应考虑到色彩的搭配效果，以使整个环境看起来既有活力又不失美感。值得一提的是，色彩的运用不限于设备和设施，还可以通过植物、花草的色彩搭配，营造一个丰富多彩的自然环境。各种有趣的形状和造型，能够激发幼儿的好奇心和探索欲。设备和设施的形状设计应具有多样性和趣味性，以满足幼儿不同的审美需求。例如，游乐设备可以设计成各种动物或卡通形象，使其不仅具有功能性，还具有观赏性和趣味性。形状设计的多样化，不仅能增强环境的美感，还能为幼儿提供更多的探索和发现机会。一个细节处理得当的环境，能够体现出设计者的用心和创意，使整个环境更具吸引力和舒适感。细节处理包括设备和设施的边角处理、材料的选择和使用、装饰品的搭配等方面。在设计过程中，对每一处细节的把控都应体现出美观和创意，以提升环境的整体品质。

结合美观与创意的设计，可以为幼儿创造一个充满活力和创意的活动空间。有助于幼儿学会欣赏美、感受美，并在生活中寻找美。结合美

160

与创意的户外环境设计，不仅体现在设备和设施上，还通过墙壁的装饰、地面的设计等体现出来。墙壁上的生动壁画、地面上的彩绘图案，都为幼儿提供了一个充满趣味和创意的活动空间，幼儿可以在其中自由发挥想象，体验创造的乐趣。

（五）平衡教育与娱乐

幼儿园户外环境的创设应实现教育与娱乐的平衡，通过寓教于乐的方式，让幼儿在玩耍中学习，享受学习的乐趣，在愉快的氛围中获得知识与技能。在户外环境中设置科学探索区是一个有效的方法。这个区域可以提供各种适合幼儿操作的科学实验器材，让幼儿通过动手操作理解科学概念。比如，观察水的浮力、光的反射和折射现象，了解磁铁的吸引力等。在实践中学习科学知识，不仅可以提升幼儿的认知能力，还可以培养他们的探究精神和动手能力。设置自然观察区也是平衡教育与娱乐的重要方法。幼儿可以通过观察植物的生长过程、动物的生活习性，学习自然界的知识。这样的活动不仅能增强他们的观察力和探究精神，还能培养他们的环保意识和责任感。在与自然的亲密接触中，幼儿能够体验到自然的美好和神奇，从而激发他们对环境的热爱和保护之情。

寓教于乐的方式能够提高幼儿的学习兴趣和效果。幼儿更愿意在愉快的氛围中，通过游戏和活动获取知识与技能，发展他们的认知能力，培养他们的创造力、问题解决能力和社会交往能力。

（六）协调动态与静态活动

动态与静态活动的协调不仅能促进幼儿的身体发展，还能促进他们认知能力和情感的发展。动态活动可以促进幼儿的身体发展，增强他们的体质，提升他们的运动技能。比如，户外环境中的跑步道、攀爬架、秋千等，可以为幼儿提供丰富的运动机会，帮助他们锻炼身体、增强体质。跑步道可以帮助幼儿锻炼体能，培养他们的竞争意识和合作精神。

攀爬架可以帮助幼儿锻炼身体的协调性和力量，增强他们的体质和耐力。秋千不仅能够为幼儿提供丰富的运动体验，还能带给幼儿快乐和满足感。

静态活动则可以促进幼儿的认知和情感发展，促进他们专注力和思维能力的提升。比如，户外环境中的阅读角、艺术创作区、沙池等，可以为幼儿提供丰富的学习和创作机会，帮助他们提高认知能力，促进情感发展。在阅读角，幼儿可以安静地阅读书籍、听故事，从而获取知识和信息，提高他们的语言能力和认知水平。在艺术创作区，幼儿可以进行绘画、手工、泥塑等创作活动，发挥他们的想象力和创造力，体验创作的快乐和成就感。在沙池，幼儿可以进行挖掘、堆砌等活动，培养他们的动手能力和创造力。

动态与静态活动的平衡，应考虑到幼儿的年龄和发展特点，提供适合他们的活动空间和设施。对于较小的幼儿，静态活动的比例可以适当增加，以满足他们对安全的需求；对于较大的幼儿，动态活动的比例可以适当增加，以满足他们对挑战的需求。通过合理的活动安排和设计，可以确保幼儿在活动中既能进行适量的运动，又能安静地学习，从而满足他们不同的活动需求。在实现动态与静态活动平衡的环境中，幼儿能够在动态活动中锻炼身体，在静态活动中发展认知，全面提高他们的身体素质和认知水平。

第三节　幼儿园户外环境创设中需要关注的问题

在幼儿园户外环境创设中，有一些问题需要关注，以确保为幼儿提供一个安全、健康、充满活力的活动空间。例如，合理规划户外活动区域的面积、合理的光照设计与绿化布局、结合课程目标与幼儿兴趣、考虑地域与季节的影响，以及考虑农村与城市的差异等（图5-5），都是至关重要的。

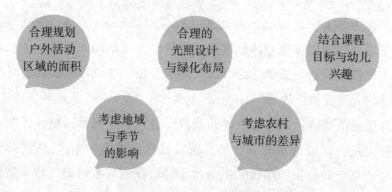

图 5-5　幼儿园户外环境创设中需要关注的问题

一、合理规划户外活动区域的面积

充足的户外空间不仅能为幼儿提供充分的活动场地，还能避免由空间狭窄导致的活动冲突和安全隐患。合理规划可以使户外空间得到最大化利用，同时满足不同类型活动的需求。户外空间的合理规划不仅需要考虑面积的分配，还需要考虑不同活动的特点和需求。通过合理的规划，应确保每个活动区域的功能性和可用性，并且各功能区之间应有明确的界限和适当的缓冲带，以避免不同活动相互干扰影响幼儿的活动体验。

运动区通常设置在场地的中心或边缘，以确保有较大的空间满足幼儿进行跑步、跳跃、攀爬等大运动量的活动需求。运动区的地面材料需要柔软且防滑，以减少幼儿摔倒受伤的风险。运动设施如攀爬架、平衡木等应符合幼儿的年龄特点和安全标准，并定期检查和维护，以确保使用安全。游戏区通常设置在运动区的旁边，以便幼儿在运动后转移到游戏区继续活动。游戏区的设施应多样化，设置滑梯、秋千、沙池等，以满足幼儿不同的游戏需求。游戏设施的选择和布置应考虑到幼儿的兴趣和安全，确保所有设施都稳定牢固，没有尖锐边缘和危险角落。探索区通常设置在安静且不易被打扰的地方，以便幼儿专心观察和探索。探索区可以布置一些自然元素，如沙子、水、石头、树叶等，并鼓励幼儿进行自主探索和实验。休息区则通常设置在阳光充足、环境安静的地方，并配备适当的遮阳设施和休息座椅，方便幼儿在活动间隙进行休息。休息区的座椅应舒适、安全，还可以在周围种植一些低矮的植物，增加整个区域的美观度和舒适感。

合理的活动路径不仅能引导幼儿有序进入各个活动区域，还能在一定程度上提升活动效率和安全性。路径设计应遵循简单、直观的原则，避免过于复杂和曲折的路线，以便幼儿轻松找到各个活动区域。路径的铺设材料应平整且防滑，确保幼儿在行走和奔跑时的安全。路径的宽度应足够容纳 2～3 名幼儿并排行走，避免空间狭窄导致的拥挤和碰撞。户外环境的规划还应考虑到不同年龄段幼儿的需求。例如，小班幼儿的活动区域可以设置一些简单、安全的设施，如小型滑梯、攀爬架等；大班幼儿的活动区域则可以设置一些更具挑战性的设施，如高攀架、平衡木等。各年龄段幼儿的活动区域应有明确的区分和标识，避免幼儿在活动中因设施不适受到伤害。

二、合理的光照设计与绿化布局

光照与绿化是影响幼儿园户外环境质量的两个关键因素。充足的阳光是幼儿健康成长的必要条件，适当的绿化则能美化环境、净化空气。合理的光照设计与绿化布局，能够为幼儿提供一个舒适、安全的活动空间。

光照设计应充分考虑幼儿园所在地域的气候特点和日照情况，以确保活动区有足够的日照时间，同时能避免强光直射对幼儿造成的不适。不同地区的气候条件和日照时间各不相同，因此光照的设计需要根据实际情况进行调整和优化。幼儿园可以通过种植树木、设置遮阳棚等方式，调节阳光的强度和照射角度。比如，幼儿园可以在活动区周围种植一些高大的乔木，这样不仅可以提供天然的遮阴，还能调节局部气温，创造一个凉爽、舒适的活动空间。遮阳棚的设置应考虑其位置和高度，确保能够有效遮挡阳光直射，但不会影响活动区的通风和采光。遮阳棚的材料应选择透气、耐用的环保材料，以保证其使用寿命和安全性。

合理的绿化布局不仅能够提升环境的美观度，还能对幼儿的心理和情感产生积极影响。需要注意的是，乔木、灌木、花卉等的选择应符合当地的气候条件和土壤特点，避免选择容易引起幼儿过敏的植物。通过精心的搭配和布局，可以创造一个四季常绿、色彩丰富的绿化环境，为幼儿提供愉悦的视觉体验。绿化带的设计应与活动区相协调，既要规划足够的绿化面积，又不能过多占用活动空间。比如，可以在活动区周围设置一些低矮的灌木和花卉，不仅能美化环境，还不会妨碍幼儿的视线和活动。在活动区的边界和角落处，可以种植一些高大的乔木，起到遮阴和隔离作用。

在培养幼儿的环境意识方面，在绿化设计中，还应注意植物的安全性和维护管理。所有植物应符合安全标准，避免选择带刺、有毒或容易引起过敏的植物。在植物的种植和养护过程中，应注意土壤的改良和对植物的定期修剪，保证植物的健康生长。为了保证光照和绿化的效果，可以利用一些现代科技手段进行管理和监测。例如，智能光照控制系统能够根据不同季节和天气情况，自动调节遮阳棚的开合强度；智能灌溉系统能够根据土壤湿度和植物需求，自动控制灌溉时间和水量，提高水资源利用效率。在绿化管理中，还可以利用传感器和监测设备，实时监测植物的生长状况和环境参数，及时发现和解决问题，确保绿化效果的长期稳定。

三、结合课程目标与幼儿兴趣

幼儿园的户外环境创设应充分结合课程目标与幼儿兴趣。课程目标需要通过各种具体活动来达成，幼儿兴趣与其户外活动参与度有着直接关系。因此，户外环境的设计应充分考虑并结合课程目标与幼儿兴趣。

体育活动在幼儿园课程中占有重要地位，户外环境创设需要提供宽敞的运动场地和多样的运动器材，以满足幼儿的运动需求。运动场地应配备柔软的地面材料，以降低跌倒受伤的风险。运动器材如跳绳、球类、攀爬架等，应符合安全标准，以保障幼儿的运动安全。科学探索活动需要提供丰富的自然元素和实验材料，以激发幼儿的好奇心和探索欲。幼儿园可以在户外环境设置探索区，并提供适合幼儿操作的实验工具和材料，如放大镜、显微镜、简单的测量工具等，鼓励幼儿动手实践，培养他们的科学思维和动手能力。艺术创作活动在幼儿园课程中也占据重要位置，幼儿园可以在户外环境设置艺术区，并提供绘画、手工制作等工具，鼓励幼儿在自由创作中发展他们的艺术感知力和表现力。这些创作活动不仅能提高幼儿的审美能力，还能帮助他们释放情感，表达内心世界，促进情感发展。

在户外环境创设中，幼儿园应通过设置一些富有吸引力的活动区域和设施，挖掘幼儿的兴趣点，激发幼儿的探索欲和好奇心。例如，幼儿园可以在探索区提供丰富的自然材料，让幼儿通过观察和实验探索自然界的奥秘；在艺术区提供各种创作工具和材料，鼓励幼儿进行艺术创作，自由表达他们的想法。户外环境应具有一定的开放性和灵活性，以便根据幼儿的兴趣和需求进行调整和变换。比如，根据季节变化和课程安排，设置不同的主题活动和临时区域，以丰富幼儿的活动内容和体验：春季，可以设置种植区，让幼儿体验播种和照料植物的过程；夏季，可以设置戏水区，让幼儿感受清凉和快乐；秋季，可以设置采摘区，让幼儿体验收获的快乐；冬季，可以设置冰雪区，让幼儿通过打雪仗、堆雪人，感受冬季的魅力。

四、考虑地域与季节的影响

地域的气候条件和季节变化，都需要在户外环境创设中得到充分考虑和体现。这种全面考量不仅能增强户外环境的适应性，还能更好地满足幼儿的需求，促进他们的全面发展。

在寒冷地区，户外环境创设的重点是防寒保暖。防风屏障和保温设备是必不可少的，它们能够有效减少寒风对幼儿的影响，确保幼儿在冬季也能安全地进行户外活动。植物的选择也至关重要，应选择那些能够在寒冷气候中良好生长的植物，以确保绿化景观的持久性和美观性。活动设施也应选择能够抵御低温和冰雪的，以保证幼儿的安全和活动的连续性。在温暖地区，户外环境创设的重点是遮阳和降温。通过种植树木、设置遮阳棚等方式，提供凉爽的活动环境，防止幼儿中暑。选择耐热的植物品种，以便它们在高温季节保持良好的生长状态。降温措施如喷水系统、通风设备等，能够在高温天气发挥重要作用，为幼儿提供舒适的活动条件。不同地域的自然环境和文化背景，也对幼儿园户外环境的设计提出了不同的要求。自然资源丰富的地区，可以充分利用当地的自然景观和资源，创设一个贴近自然的户外环境。比如，山地地区的幼儿园可以设置一些攀爬和探索的活动区，利用自然地形和植被，创造一个充满冒险和探索的环境。水资源丰富地区的幼儿园可以提供一些水上活动和观测点，利用水资源进行多样化的活动设计，丰富幼儿的活动内容。

季节变化对户外环境的影响同样不可忽视。春夏秋冬四季的更替，不仅影响植物的生长和景观的变化，还对活动的内容和形式提出了不同要求。在春季和秋季，幼儿园可以组织一些种植和收获的活动，让幼儿通过亲身体验，感受不同季节的特征和变化。这不仅能加深幼儿对自然的认识，还能培养他们的劳动意识和动手能力。在夏季，户外环境需要更多的遮阳和降温措施，以保证活动的安全和舒适。遮阳棚、绿荫区、喷水系统等可以为幼儿提供一个凉爽的活动场所，防止他们中暑。冬季则需要更多的防寒保暖措施，以确保幼儿在低温环境下也能安全活动。冬季的活动设计可以结合冬季运动会、冰雪活动等进行，以提升幼儿对冬季运动的参与度。在植物的选择上，要确保四季都有适合的绿化景观。比如，既要有适合春季的开花植物，也要有适合夏季的耐热植物、适合秋季的果树，还要有适合冬季的常绿植物。

五、考虑农村与城市的差异

农村和城市幼儿园在户外环境创设中具备的条件和面临的挑战各不相同，需要根据各自的特点和需求，制定相应的创设策略和实施方案。因地制宜的方法不仅能充分利用现有资源，还能为幼儿提供更适合他们成长的户外环境。

农村幼儿园通常拥有较为宽敞的户外空间和丰富的自然资源，这为户外环境创设提供了良好条件。宽敞的空间允许更大规模的活动区域，可以为幼儿提供丰富多样的活动体验。丰富的自然资源使得农村幼儿园可以创设一个贴近自然、富有乡土气息的户外环境。通过设置一些农田、果园、动物角等区域，幼儿可以在实际操作中了解农业生产和动植物知识。这样的环境不仅能丰富幼儿的生活体验，还能培养他们对自然的热爱和保护意识。利用自然地形进行活动区的设计，可以增强环境的趣味性和挑战性。例如，在山坡上设置滑梯和攀爬网，让幼儿在活动中锻炼体能和勇气；在树林中开辟探索小径，让幼儿在探索中学习和发现。通过这些富有创意的设计，农村幼儿园能够营造一个充满冒险和探索的户外环境，激发幼儿的好奇心和探索欲。

城市幼儿园的户外环境创设面临空间有限的问题，需要通过精细的设计，高效利用场地，创造一个安全、丰富的活动环境。立体绿化、屋顶花园等方式，可以有效增加绿化面积和活动空间。垂直方向的绿化设计，不仅能节省地面空间，还能为幼儿提供更多接触自然的机会。模块化、可移动的设施也是解决城市幼儿园空间有限的有效方法。这些设施可以根据需要灵活调整活动区域和内容，来满足幼儿的多样化需求。例如，移动式的游戏设施可以在不同时间段布置在不同的区域，以提供多种活动选择；可拆卸的遮阳棚和活动器材，可以根据天气情况和活动需要随时调整，确保幼儿在不同环境中的安全和舒适。

农村和城市幼儿园的户外环境创设，还应结合当地的文化和社区资源，融入一些具有地域特色和文化内涵的元素。这样不仅能丰富环境内容，还能传递文化知识。例如，农村地区的幼儿园可以在户外环境中加入当地的农具、传统建筑元素等，让幼儿在玩耍中了解当地的农业文化和生活方式；城市地区的幼儿园可以设置一些体现城市历史和现代文明的设施和装置，如城市雕塑、历史文化墙等，增加幼儿对城市的认同感和归属感。在文化元素的融入上，还可以结合当地的节庆活动和民俗文化，通过组织各种主题活动，让幼儿在参与中体验和学习。例如，在传统节日期间，可以组织幼儿进行相关的手工制作、游戏和表演，加深他们对传统文化的了解。这种文化教育方式，不仅能丰富幼儿园的活动内容，还能增强幼儿的文化认同感。

第四节　幼儿园户外环境场地的规划

幼儿与大自然有着与生俱来的亲密关系，因此，幼儿园户外环境创设应充分考虑幼儿与大自然之间的联系，将大自然作为活教材，支持幼儿在户外自由活动，进行运动锻炼、社会交往及创造性游戏，培养幼儿与大自然和谐相处的意识。[①]幼儿园户外活动场地的规划对幼儿的全面发展至关重要，通过合理的规划，可以为幼儿提供一个安全、愉快且充满探索性的活动环境。

一、整体规划与绿化

幼儿园户外活动场地通常是幼儿园内面积最大的区域，其规划需要考虑多种因素，如自然光照、植物覆盖、地形条件以及所配置的设施和预设的活动类型。合理的规划能够为幼儿的自由活动提供足够的空间，

---

① 侯莉敏 . 学前教育概论 [M]. 北京：国家开放大学出版社，2022：162.

促进他们与自然环境中各种元素的互动。图 5-6 为具体幼儿园户外场地的整体规划图。

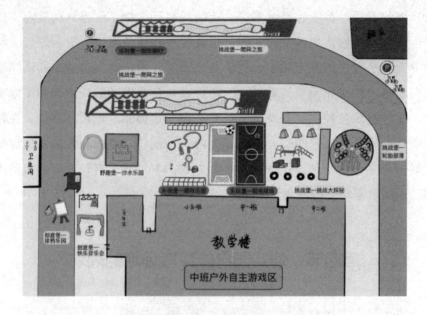

图 5-6　北京市通州区牛堡屯幼儿园户外场地规划图

规划的首要任务是对户外环境,包括光照情况、适宜的植被选择、地面安全性以及游乐设施的合理布置等进行详尽的评估。光照情况决定了场地的使用时间和频率,充足的阳光不仅有助于幼儿的身体健康,还能提升他们的情绪和精神状态。不同植物的选择直接影响场地的绿化效果和生态环境。适宜的植物不仅能美化环境,还能提供阴凉,减少噪声和空气污染,为幼儿创造一个更舒适、健康的户外环境。地面安全性要求地面平整、不易积水、无滑倒危险,并且使用安全、环保的地面材料,以有效防止幼儿因跌倒受伤。游乐设施的布置需要考虑到幼儿的活动习惯和安全需要,确保设施之间有足够的间距,避免相互干扰。规划还应包括维持生态多样性的措施。例如,种植多种类型的植物,不仅能吸引不同的鸟类和昆虫,还能为幼儿提供观察和学习自然的机会。通过这种多元化的设计,幼儿可以在玩耍的同时,近距离接触和了解自然界的多样性,增强对自然科学的兴趣。

整体规划还要考虑到未来的维护和管理。植物的选择应尽量选取耐寒、耐旱、易管理的品种,以减少日后的维护成本。设立定期的检查和维护制度,确保所有设施的安全性和功能性,以保障幼儿的安全。合理的整体规划与绿化设计不仅能营造一个美丽、舒适的户外环境,还能为幼儿的健康成长提供重要的支持。这不仅仅是一个游戏的空间,更是一个让孩子们在自然中探索和成长的乐园。

二、固定器械区

在幼儿园的户外环境中,固定器械区是一个不可或缺的重要部分。这个区域通常配备大型的组合运动设施,如滑梯、攀爬架、秋千和平衡木等。这些设施能够有效满足幼儿在不同成长阶段的运动技能需求,如走、跑、跳、钻、攀爬、保持平衡、控制身体的能力等(图5-7)。

图 5-7 浙江杭州都市阳光幼儿园户外固定器械区

固定器械区不仅是一个运动的场所，还是一个促进幼儿社交能力发展的平台。在这个共享的游戏空间中，幼儿在自由活动的过程中能学习更多的社交技能，这对他们未来的成长有着重要的影响。幼儿园对固定器械的选择需要考虑自身的具体条件，如可用的户外面积和特定需求。对于占地较广的幼儿园，安装多功能的大型组合器械是一个不错的选择，这些设施可以提供多种运动和游戏的可能性。对于空间较小的幼儿园，则可以选择功能较简单的单一器械或小型组合设备，以充分利用有限的空间。幼儿园在选择器械时，还需要考虑到不同年龄层的幼儿，确保器械与他们的运动能力和心理发展水平相匹配。

固定器械的安全性是重中之重。首先，固定器械的材料要无毒、无害，表面要光滑、无尖锐边角。同时，固定器械的安装要符合国家的安全标准，保证稳定性。其次，固定器械应安装在户外区域的边缘位置，以免干扰其他集体活动的开展，同时要确保有足够的空间供幼儿安全活动。最后，为了保持固定器械的良好状态，幼儿园应定期检查和维护这些设施。及时消除潜在的安全隐患，修理或更换损坏的零件，以确保幼儿在使用时的安全。通过合理的规划和科学的管理，固定器械区能为幼儿的身体发展和社交能力发展提供重要支持。

三、低结构运动区

低结构运动区是幼儿园户外环境创设中的一个创新实践区，旨在为幼儿提供一个自主选择活动的空间。在这里，幼儿可以自由决定他们想玩什么、怎样玩、与谁一起玩，以及玩多长时间。这种设置适用于不同年龄段的幼儿，旨在培养他们的多种运动技能，促进他们运动能力的全面发展。低结构运动区与固定器械区相比，更注重创建一个"以幼儿为中心"的游戏环境，激发他们的主动性和创造力。幼儿在该区域中，不仅可以自由地使用各种材料，还可以在遇到问题时自行协商寻找解决方案。低结构运动区中的材料通常包括大型积木、轮胎、绳索、沙袋、布条、塑料管等，这些材料的选择并没有严格的固定模式，而是根据幼儿的兴趣和需求不断更新和调整。幼儿在该区域，不仅可以提升他们的运动技能，还可以通过参与创造性的游戏，培养问题解决能力、合作精神以及社交技能。

低结构运动区在实际运营中也面临一定挑战：如果材料库存放位置距离活动区较远，会影响幼儿对材料的获取和管理；材料种类和数量的不足会限制幼儿参与活动的兴趣和效果；自制或简易的材料可能无法长久使用；缺乏明确规则容易导致游戏陷入无序状态；个别教师的观念和干预方式还未完全适应这种新型活动方式。为了有效应对这些挑战，教师和幼儿园管理者可以考虑以下策略：合理规划低结构运动区，选择靠近材料储存区的位置，便于幼儿自主获取和整理材料。精心设计开放性材料的收纳空间，并确保所有材料安全、卫生且高质量。针对游戏水平不高或游戏混乱的情况，教师需要指导幼儿建立游戏规则，通过榜样示范和积极鼓励等方式，营造和谐的游戏氛围。教师应持续观察幼儿的活动情况，灵活调整活动空间、材料和时间等，以确保有效满足幼儿的游戏和发展需求。

在规划低结构运动区时，材料的选择和管理至关重要。材料应具备多功能性和高安全性，同时要易于幼儿操作和组合。例如，轮胎可以用来滚动、堆叠和搭建不同的结构；绳索可以用来跳绳、绑结或者搭建简易的攀爬装置。这些材料不仅能满足幼儿的运动需求，还能激发他们的想象力和创造力。为了保证材料的质量和安全，幼儿园应定期检查和维护，及时更换破损或老化的材料（图5-8）。

图 5-8　北京市通州区牛堡屯幼儿园户外轮胎山

　　为了营造一个安全、有序的低结构运动区，制定适当的游戏规则是必要的。需要注意的是，这些规则应简单易懂，并鼓励幼儿参与到规则的制定中，以使他们更好地理解和遵守。在游戏过程中，教师可以通过示范和正面引导，帮助幼儿理解规则的重要性和遵守规则的必要性及意义。通过这种方式，低结构运动区不仅能为幼儿提供自由的游戏空间，还能培养幼儿的自律意识和规则意识。

　　低结构运动区的设置还需要考虑到不同年龄段幼儿的需求和特点。比如，对于年龄较小的幼儿，可以提供一些简单、安全的材料，如软垫、大型积木等；对于年龄较大的幼儿，可以提供一些更具挑战性的材料，如攀爬绳索、平衡木等。通过合理的分区和材料选择，每个年龄段的幼儿都能在低结构运动区找到适合自己的活动内容。低结构运动区的运营不仅需要幼儿园的精心规划和管理，还需要家长的理解和支持。幼儿园可以通过家长会、开放日等方式，让家长更深入、全面地了解低结构运动区的重要性，鼓励家长在家庭环境中为幼儿提供类似的自由游戏机会，从而共同促进幼儿的发展。

四、沙水区

沙水区是幼儿园户外活动中不可或缺的一部分，几乎每个孩子都无法抗拒与沙和水互动的乐趣。在沙水游戏中，幼儿能够获得关于这两种材料的基本科学知识，并通过挖掘、铲运、装填和堆砌等活动，锻炼自己的动手能力和观察能力，同时培养科学探究精神。图 5-9～图 5-11 为不同幼儿园设置的户外沙区。

图 5-9　北京市通州区牛堡屯幼儿园户外沙区

图 5-10　北京市通州区张家湾中心幼儿园户外沙区

图 5-11　应急管理部机关服务中心幼儿园户外沙区

沙和水都具有易于流动和形态可变的特性，这使得它们成为理想的低结构材料，非常适合用于促进幼儿的自由探索和创意游戏。在设计沙水区时，幼儿园管理者需要考虑如何通过合理的布局，来支持幼儿的这些活动。

　　具体到沙水区的面积和位置，幼儿园可以根据自身的户外空间大小和已有的环境布局做决定。理想的沙水区应位于开阔且日照充足的区域，确保每天至少有两小时的阳光直射。适当的阳光不仅能防止细菌滋生，保持沙子和水的质量，还能使幼儿在玩耍时获得足够的光照，有助于幼儿的视力发展。如果条件允许，可以在沙水区上方安装遮阳设施，这样既能保护幼儿的皮肤免遭强烈阳光的直射，也能延长沙水区的使用时间。

　　关于沙水区的材料要求，主要是要保证沙子和水的卫生与安全。通常，沙池中应使用细腻、松软且易于塑形的沙子，这样的沙子更适合幼儿进行各种建造和堆砌活动。教师还应定期进行沙池的清理和维护，移除隐藏在沙池中的危险物品，如碎玻璃或尖锐的石块等。对于水区，非流动水体应定期更换水源并进行消毒，以防细菌滋生和水质恶化。流动水区则要确保没有滑腻的青苔或尖锐的石块等潜在危险。为了增强水区的趣味性和互动性，可以考虑安装一些简单的水泵、水龙头或水槽，供幼儿在游戏时自由选用。合理的水源管理不仅能保证幼儿在游戏中的安全，还能加深他们对水资源的认识，增强他们的保护意识。

　　传统的沙水区功能相对单一，通常只配备简单的沙水游戏工具，如小铲子和水桶。为了更好地支持幼儿的创造性游戏，幼儿园可以采取以下几种策略优化沙水区的环境创设。一是可以考虑沙水组合创设，如在沙池中设置一个小水渠或安置水龙头，以增强游戏的互动性和多样性。二是可以考虑将沙水区与其他游戏区相结合，如将攀爬设施和滑梯等运动器械设置在沙池中，这样不仅能增强运动的挑战性，还能开发更多类型的游戏。这种跨领域的游戏体验，不仅能丰富幼儿的活动内容，还能促进他们多方面能力的发展。

　　丰富沙水区的材料，提供各种形状、长度和材质的管子，以及各种自然材料和回收物品，如石头、树枝、落叶、木棍、松果、奶粉罐、瓶子等。这些材料不仅能增加游戏的趣味性，还能激发幼儿的创造力和探索欲。

通过合理的规划和管理，沙水区可以成为一个充满创造力和探索乐趣的游戏环境。教师在这个过程中扮演着重要的角色，他们不仅要保证沙水区的安全和卫生，还要引导幼儿在游戏中进行有意义的探索和学习。教师可以通过观察幼儿的行为，了解他们的兴趣和需求，并提供适时的帮助和指导，从而使幼儿在自由游戏中获得更多的成长和发展。

五、种植养殖区

在幼儿园户外环境创设中，创建一个连接自然、充满生命活力的种植养殖区，对幼儿的全面发展至关重要。种植养殖区不仅是幼儿观察和亲身体验自然的场所，还是他们培养责任感和生命意识的重要环境。种植养殖区的设计需要根据幼儿园的地理位置和可用空间灵活规划。拥有广阔空间的幼儿园，可以建立一个专门的种植养殖园；而空间相对有限的幼儿园，可以选择在园区边缘或小道旁的空闲区域创设种植养殖区。这些区域应确保有充足的阳光，以促进植物的生长，保障动物的健康。图 5-12、图 5-13 为不同地区幼儿园设置的户外种植区。

图 5-12　应急管理部机关服务中心幼儿园户外种植区

图 5-13 新疆和田学院附属幼儿园户外种植区

挑选动植物时，应考虑其生存和护理的便利性、生长特性等因素。植物方面，可以选择一些生长迅速、易于管理且适合当地气候条件的品种，如各种蔬菜、花卉和草本植物。这样不仅能美化环境，还能让幼儿观察植物从发芽、开花到结果的整个生长过程，加深他们对植物生命的理解。动物方面，可以选择一些容易饲养的小动物，如小兔子、鸡、鱼等。在饲养的过程中，幼儿需要定期喂养、清洁和记录，这有利于培养他们的责任感。此外，种植养殖区还应配备适当的设施，如水源、工具和防护措施，以保证动植物的健康生长。

种植养殖区的核心在于超越单纯的观赏功能，通过创建一个具有高度互动性和参与性的环境，让幼儿能够亲密接触和了解自然。这样的设计不仅能促使幼儿增强对自然的热爱，还能加深他们对人与自然关系的理解，深刻感受自然界中生命的宝贵和意义。在种植养殖区的设计和管理中，教师和幼儿园管理者起着关键作用。教师应引导幼儿进行种植和养殖活动，通过讲解植物和动物的生长过程，帮助幼儿理解自然规律。例如，在种植的过程中，教师可以教导幼儿如何播种、浇水、施肥和除

179

草，并解释这些操作对植物生长的重要性。在养殖的过程中，教师可以指导幼儿如何喂养动物、清理动物栖息地，并观察和记录动物的生活习性。种植养殖区的活动不仅能培养幼儿的动手能力，还能激发他们的好奇心和探究欲。通过亲身参与这些活动，幼儿能够获得关于植物和动物的基本知识，学会观察和记录自然现象，并通过实验和探索，逐步理解生物生长的基本规律。这种互动式的学习体验，比单纯的书本知识更具吸引力和效果，能够有效增强幼儿的学习兴趣和积极性。

为了确保种植养殖区的长期运行，幼儿园需要制订详细的管理和维护计划。比如，定期检查和维护种植养殖区的设施，及时处理病虫害和杂草，保障植物和动物的健康生长。幼儿园还可以组织家长和社区志愿者参与种植养殖区的管理和维护，共同为幼儿创造一个美好的自然学习环境。

种植养殖区的设立不仅丰富了幼儿的户外活动内容，还为他们提供了一个接触和了解自然的机会。通过参与种植和养殖活动，幼儿不仅能获得丰富的自然知识，还能培养责任感、耐心和合作精神。这种与自然亲密接触的体验，将成为他们童年的美好记忆之一，同时为他们未来的成长和发展打下坚实基础。

六、休闲游戏区

休闲游戏区提供了一个供幼儿、教师放松和享受自然、进行休闲活动的场所。这个区域是幼儿在户外自由玩耍、交流和探索的空间，有助于他们在轻松的氛围中提升社交技能，探索周围的世界。幼儿园可根据自身的户外环境条件，创设符合其特色的休闲游戏区。例如，有的幼儿园可以建造花朵盛开的长廊，供幼儿观赏；还有的幼儿园可以设计具有观赏性的小拱桥，或者建设凉亭和舒适的座椅，供幼儿、教师放松和休息。图5-14为具体幼儿园设置的休闲游戏区。

图 5-14 浙江杭州都市阳光幼儿园休闲游戏区

休闲游戏区的设计应注重舒适性和安全性。比如，休闲游戏区内的座位数量应能满足幼儿、教师的需求，除此之外，还要注重安全性，座椅材料应选择环保、耐用的材质，避免尖锐边缘和可能造成伤害的设计。休闲游戏区内也可以设置一些简单的游戏设施，如沙滩玩具、小型积木和拼图等，这些设施不仅能让幼儿进行轻松的游戏活动，还能促进他们创造力和想象力的发展。休闲游戏区内还可以融入自然元素，如花坛、树木和草地等。这些元素不仅能美化环境，还能为幼儿提供一个接触自然、放松身心的场所。需要注意的是，休闲游戏区不仅是幼儿的活动场所，还是家长和教师互动的重要场所。家长在接送幼儿时可以在这里等待和休息，与其他家长交流育儿经验；教师可以利用这个区域进行小组活动和个别指导，增加与幼儿的互动和交流。

第五节　幼儿园户外挑战性运动环境的创设

挑战性运动环境的创设不仅能促进幼儿的身体发育，增强他们的动作协调性和身体控制能力，还能增强他们的自信心和勇气。在多样化的运动体验中，幼儿能够更好地学习如何面对和克服困难，培养团队合作精神和冒险精神。挑战性运动环境的创设为幼儿提供了一个充满乐趣和挑战的环境，能够帮助他们在玩耍中得到成长和发展。

一、幼儿园户外挑战性运动环境创设的意义

幼儿园户外挑战性运动环境的创设具有以下几方面的重要意义（图5-15）。

促进幼儿身体素质的提升　　培养幼儿的团队合作和社交能力　　激发幼儿的探索和冒险精神　　增强幼儿的自信心和独立性

图 5-15　幼儿园户外挑战性环境创设的意义

（一）促进幼儿身体素质的提升

平衡训练设施如平衡木和悬浮桥等，能够帮助幼儿增强平衡感和身体控制能力。在这些设施上活动时，幼儿需要集中注意力，保持身体稳定，这对幼儿的专注力和耐心都是一种锻炼。平衡训练有利于幼儿逐渐掌握保持身体平衡的方法，这不仅有助于预防和减少幼儿在日常生活中的跌倒和受伤概率，还有助于他们在其他运动项目中的表现，从而增强

他们在日常生活中的自信心。跳跃训练可以显著增强幼儿的下肢力量和身体爆发力。在跳跃训练中，幼儿需要学会如何利用身体的力量进行起跳和落地，这对他们的肌肉发展和骨骼健康都有积极影响。跳跃训练不仅能提高幼儿的运动能力，还能加快他们的反应速度，增强他们的身体协调性。

（二）培养幼儿的团队合作和社交能力

户外挑战性运动环境不仅是个人挑战的场所，还是培养幼儿团队合作和社交能力的绝佳机会。在挑战性合作项目中，幼儿需要与伙伴共同完成任务，这要求他们学会如何沟通、如何分工合作。在共同克服困难的过程中，他们建立了深厚的友谊，同时学会了尊重和信任他人。

挑战性合作项目如多人滑梯、集体攀爬墙等，需要幼儿在活动中相互配合，分工合作。这种团队合作活动不仅能锻炼幼儿的身体素质，还能增强他们的社交能力。在活动中，幼儿需要学会如何与伙伴沟通，如何在团队中找到自己的位置和角色。在共同完成任务的过程中，他们能体验到团队合作的乐趣，理解互助和分享的重要性。这种社交能力的培养对幼儿未来的成长和发展有着重要意义。挑战性合作项目还能够增强幼儿的团队精神和集体荣誉感。在活动中，幼儿需要通过相互配合完成任务，这种团队合作的体验能够增强他们的集体荣誉感和责任感。在共同克服困难的过程中，幼儿能学习如何尊重和理解他人，如何在团队中发挥自己的优势，如何在集体中找到自己的位置和价值。这种团队精神和集体荣誉感的培养，能够使幼儿更加自信和积极地面对日常生活和学习中的各种挑战。

（三）激发幼儿的探索和冒险精神

探险活动区的设计通常包括各种迷宫、隧道、爬坡道等，这些设施能够激发幼儿的探索和冒险精神。在探险活动中，幼儿需要面对各种未知的挑战，这不仅需要他们发挥智慧，还需要他们具备足够的勇气和信心。这种探索和冒险体验，能够有效激发幼儿的好奇心和求知欲，促使他们在活动中不断发现新事物，学习新技能。探险活动不仅仅是对幼儿身体素质的锻炼，还是对他们心理素质的极大考验。在面对未知的环境时，幼儿需要克服心理上的恐惧，勇敢地探索和尝试。这种心理上的挑战和突破，能够有效增强幼儿的勇气，使他们在面对困难和挑战时更加从容和自信。在多次的探索和尝试中，幼儿逐渐学会如何面对和解决问题，如何在困境中寻找解决办法，从而培养出坚忍不拔的意志力和积极向上的心态。

（四）增强幼儿的自信心和独立性

挑战性运动环境通过一系列的巧妙设计，能够使幼儿在不断克服困难和完成任务的过程中逐渐建立起自信心和独立性。在攀爬的过程中，幼儿需要独立完成每一个动作，这要求他们具备较强的自我控制能力和平衡能力。通过反复练习和尝试，幼儿能逐渐掌握独立面对和解决问题的方法，这对他们自信心和独立性的培养具有积极的促进作用。户外挑战性运动环境还能够培养幼儿的独立性，使他们在遇到困难时独立思考，并找到解决问题的方法。在多次的尝试和挑战中，幼儿能逐渐学会如何独立面对和解决问题，如何在困境中寻找解决办法。这种独立性的培养，能够使幼儿在未来的学习和生活中更加自信和勇敢地面对各种挑战和困难，勇敢地追求自己的梦想。

二、幼儿园户外挑战性运动环境中的多样化设施

户外挑战性运动环境通过提供多样化的设施，能够为幼儿提供丰富的运动和合作体验。户外挑战性运动环境中的主要设施包括攀爬设施、平衡训练设施、探险活动区的设施、跳跃训练设施以及合作挑战项目的设施（图5-16）。

设施一
攀爬设施

设施二
平衡训练设施

设施三
探险活动区的设施

设施四
跳跃训练设施

设施五
合作挑战项目的设施

图 5-16　幼儿园户外挑战性运动环境中的多样化设施

（一）攀爬设施

攀爬设施是幼儿园户外挑战性运动环境的重要组成部分，通过多样化的设计，可以为幼儿提供丰富的运动体验。攀爬架、绳索攀爬墙和攀岩墙等设施，不仅能够锻炼幼儿的四肢力量，还可以增强他们的协调能力和身体平衡感。在攀爬过程中，幼儿需要运用手臂和腿部的力量来支撑和移动身体，这对他们的肌肉发展和身体控制能力有显著的促进作用。图 5-17 ～ 图 5-19 为不同幼儿园设置的攀爬设施。

图 5-17　北京市通州区牛堡屯幼儿园攀爬设施

185

图 5-18 应急管理部机关服务中心幼儿园攀爬设施

图 5-19 浙江杭州都市阳光幼儿园攀爬设施

攀爬架通常由金属或木材制成，高度和形状各异，适合不同年龄段的幼儿使用。攀爬架的设计需要考虑幼儿的安全，因此在结构上应稳固，并配备适当的防护措施，如防滑表面和安全网等。幼儿在攀爬架上活动时，需要不断调整身体姿势，以保持平衡，这对他们的身体协调性和空间感知能力有很好的锻炼效果。绳索攀爬墙是一种更具挑战性的设施。它通过纵横交错的绳索结构，为幼儿提供多种攀爬路径。幼儿在绳索攀爬墙上活动时，需要充分利用手脚的力量，同时要保持身体的稳定，这对他们的肌肉力量和平衡感都有很好的锻炼效果。绳索攀爬墙还能够激发幼儿的冒险精神和探索欲，使他们在不断尝试和挑战中逐渐建立起自信心和勇气。攀岩墙是一种模仿真实岩壁的攀爬设施，通常由不同高度和难度的岩点构成。幼儿在攀岩墙上活动时，需要规划路线，利用身体的每一个部位来攀登，这对他们的思维能力和身体协调性都有很大的促进作用。攀岩墙的设计需要考虑幼儿的安全，因此在岩点的分布和高度设置上应合理，并配备必要的安全措施，如防护垫和安全绳等。

攀爬设施不仅能提高幼儿的身体素质，还能激发他们的好奇心和探索欲。在攀爬过程中，幼儿需要不断尝试新的动作和姿势，掌握在不同环境中保持平衡和稳定的方法。这种运动体验不仅能丰富幼儿的活动内容，还能为他们的身心发展提供良好的条件。

（二）平衡训练设施

平衡训练设施是幼儿园户外挑战性运动环境中不可或缺的一部分，通过多样化的设计，可以帮助幼儿增强平衡感和身体控制能力。平衡木、悬浮桥和平衡板，能够为幼儿提供不同的平衡训练体验，使他们在活动中不断挑战自我，增强身体的协调性和稳定性。图 5-20、图 5-21 展示了不同幼儿园设置的平衡训练设施。

图 5-20 北京航空航天大学幼儿园平衡训练设施

图 5-21 北京市通州区牛堡屯幼儿园平衡训练设施

平衡木通常由木材或金属制成，宽度和高度各异，适合不同年龄段的幼儿使用。幼儿在平衡木上活动时，需要保持身体稳定，并不断调整步伐和姿势，这对他们的平衡感和身体控制能力有显著的锻炼效果。平衡木的设计需要考虑幼儿的安全，因此表面应做防滑处理，并配备适当的防护措施，如安全垫等。悬浮桥是一种更具挑战性的平衡训练设施。它通过悬挂的桥板和绳索结构，为幼儿提供运动平台。幼儿在悬浮桥上活动时，需要保持身体平衡，并手脚协调地前进，这对他们的身体控制和协调能力有很好的锻炼效果。悬浮桥的设计需要考虑幼儿的安全，因此在桥板的连接和绳索的固定上应牢固，并配备必要的安全措施。平衡板是一种简单、有效的平衡训练设施，通常由木板和支撑架构成。幼儿在平衡板上活动时，需要通过身体的微调来保持平衡，这对他们的身体控制和协调能力有很大的促进作用。平衡板的设计需要考虑幼儿的安全性，因此表面应做防滑处理，并配备适当的防护措施。

平衡训练设施不仅能提高幼儿的身体素质，还能增强他们的自信心和勇气。在平衡训练过程中，幼儿需要不断尝试新的动作和姿势，从而逐渐掌握如何在不稳定的环境中保持平衡和稳定的方法。这种运动体验不仅能丰富幼儿的活动内容，还能为他们的身心发展提供良好条件。

（三）探险活动区的设施

探险活动区是幼儿园户外挑战性运动环境中的重要组成部分，通过多样化的设施，可以为幼儿提供丰富的探险体验。迷宫、隧道和爬坡道等设施，不仅能锻炼幼儿的身体素质，还能激发他们的探索欲和冒险精神。在探险活动中，幼儿需要面对各种未知的挑战，这需要他们克服心理障碍，勇敢地尝试新的运动项目。

迷宫通常由木材或金属制成，通过复杂的通道结构，为幼儿提供一个充满挑战的运动环境。幼儿在迷宫中活动时，需要通过观察和思考找到正确的出路，这对他们的思维能力和空间感知能力有显著的促进作用。迷宫的设计需要考虑幼儿的安全，因此在通道的宽度和高度设置上应合理，并配备必要的防护措施。隧道是一种模仿真实隧道的探险设施，通常由不同长度和形状的通道构成。幼儿在隧道中活动时，需要通过爬行和攀爬来前进，这对他们的身体素质和协调能力有很大的促进作用。隧道的设计需要考虑幼儿的安全，因此在通道的材料选择和连接方式上应牢固，并配备适当的防护措施。爬坡道是一种更具挑战性的探险设施，通过不同坡度和高度的坡道，为幼儿提供丰富的运动体验。幼儿在爬坡道上活动时，需要运用手脚的力量前进和下坡，这对他们的肌肉力量和身体控制能力有显著的促进作用。爬坡道的设计需要考虑幼儿的安全，因此坡道的材料选择应安全、无毒，表面做防滑处理，并配备必要的安全措施。

探险活动区的设施不仅能提高幼儿的身体素质，还能激发他们的好奇心和探索欲。在探险活动中，幼儿需要不断尝试新的路径和方法，从而逐渐掌握如何在复杂的环境中保持平衡和稳定的方法。这种运动体验不仅能丰富幼儿的活动内容，还能为他们的身心发展提供良好的条件。

（四）跳跃训练设施

跳跃训练设施是幼儿园户外挑战性运动环境中不可或缺的一部分，通过多样化的设计，可以帮助幼儿增强下肢力量和身体的爆发力。弹簧床、跳跳杆和跳跃平台等设施，能够为幼儿提供不同的跳跃训练体验，使他们在活动中不断挑战自我，从而增强身体的协调性和爆发力。

弹簧床是一种具有弹性的跳跃训练设施，通过弹簧的反弹力，为幼儿提供跳跃体验。幼儿在弹簧床上活动时，需要运用腿部的力量进行起跳和落地，这对增强他们的肌肉力量和身体爆发力有显著的促进作用。弹簧床的设计需要考虑幼儿的安全，因此在弹簧的选择和安装上应谨慎，并配备必要的安全措施，如安全网和防护垫等。跳跳杆是一种简单而有效的跳跃训练设施，通过弹性杆的反弹力，为幼儿提供跳跃训练体验。幼儿在跳跳杆上活动时，需要通过腿部的力量进行起跳和落地，这对增强他们的下肢力量和身体协调性有很大的促进作用。跳跳杆的设计需要考虑幼儿的安全，因此在弹性杆的选择和安装上应谨慎，并配备适当的防护措施，如防护垫等。跳跃平台是一种多层次的跳跃训练设施，通过不同高度和宽度的平台，为幼儿提供跳跃训练体验。幼儿在跳跃平台上活动时，需要通过腿部的力量进行起跳和落地，这对增强他们的肌肉力量和身体爆发力有显著的促进作用。跳跃平台的设计需要考虑幼儿的安全，因此在平台的材料选择和高度设置上应谨慎，并配备必要的安全措施，如防护网和安全垫等。

跳跃训练设施不仅能提高幼儿的身体素质，还能激发他们的自信心和勇气。在跳跃训练过程中，幼儿不断尝试新的高度和难度，从而逐渐掌握在不同环境中保持平衡和稳定的方法。这种运动体验不仅丰富幼儿的活动内容，还能为他们的身心发展提供了良好的条件。

（五）合作挑战项目的设施

合作挑战项目的设施是幼儿园户外挑战性运动环境的重要组成部分，可以为幼儿提供合作机会。多人滑梯、集体攀爬墙等设施，不仅能锻炼幼儿的身体素质，还能培养他们的团队合作精神和社交能力。在合作挑战项目中，幼儿需要相互配合，共同完成任务，这对增强他们的沟通能力和团队合作精神有显著的促进作用。

多人滑梯通过多个滑梯和连接通道，为幼儿提供丰富的合作体验。幼儿在多人滑梯上活动时，需要相互配合，协调动作，这对增强他们的团队合作精神和沟通能力有很大的促进作用。集体攀爬墙的设计需要考虑幼儿的安全，因此在攀爬点的分布和高度设置上应合理，并配备必要的安全措施，如防护垫和安全绳等。

合作挑战项目不仅能提高幼儿的身体素质，还能培养他们的团队合作精神和社交能力。在合作挑战过程中，幼儿需要不断尝试新的动作和方法，从而逐渐掌握在团队中协调和配合的方法。这种运动体验不仅能丰富幼儿的活动内容，还能为他们的身心发展提供良好的条件。通过这些活动，幼儿能够体验到团队合作的重要性，理解到互助和分享的意义，从而增强团队合作精神和社交能力。

三、案例分析

C幼儿园为了更好地促进幼儿的全面发展，决定通过创设户外挑战性运动环境，增强幼儿的体质，以及他们的冒险精神和团队合作能力。

教师团队访问了几所知名幼儿园和幼儿运动场地，详细了解了这些地方的运动设施和活动设计。除此之外，还进行了家长和幼儿的需求调查，深入、全面地了解了家长对户外挑战性运动的期望和幼儿的兴趣爱好。根据调研结果，C幼儿园制订了一份详细的规划方案，确定了几种适合幼儿的户外挑战性运动项目，包括攀岩墙、绳网攀爬、平衡木、障碍赛道和户外探险活动等。

设施设置方面，C幼儿园聘请了专业的设计团队，根据幼儿的年龄和体能特点，设计并安装了适合的运动设施。例如，攀岩墙高度适中，表面有做防滑处理，攀爬路径根据难易程度分为不同等级；绳网攀爬设施的绳网选用了高强度材料，确保幼儿在攀爬过程中不易受伤；平衡木的高度和宽度也经过精心设计，以确保儿童在平衡训练中既能挑战自己，又不至于产生安全隐患。C幼儿园还设置了完善的安全保障措施。比如，每个运动设施旁边都有详细的使用说明和安全提示。教师均经过了专业培训，能够在活动过程中为儿童提供指导和帮助。而且，户外挑战性运动区配备了急救箱和安全监控设备，确保意外能够得到及时处理。

在户外挑战性运动环境创设过程中，教师精心设计了一系列丰富多彩的活动，鼓励幼儿积极参与，挑战自我。例如，在攀岩墙活动中，教师根据幼儿的能力，设置了不同难度的攀爬路径，并组织了"攀岩小勇士"比赛，以促使幼儿在攀爬中增强体能和自信心。在绳网攀爬活动中，教师设计了"勇攀高峰"的游戏，鼓励幼儿通过团队合作完成攀爬任务。

在平衡木活动中，教师设计了"平衡挑战赛"，需要幼儿在平衡木上进行各种平衡训练，如单脚站立、转圈等，以增强他们的平衡能力和协调性。在障碍赛道活动中，教师设计了"勇敢者的游戏"，设置了各种障碍，如跳跃、钻洞、爬梯等，鼓励幼儿在完成障碍任务中克服困难，挑战自我。在户外探险活动中，教师带领幼儿进行野外探险，如森林探险、河流考察等，让幼儿在自然环境中进行探索，以增强他们的探险精神，丰富他们的自然知识。

在户外挑战性运动环境的创设中，教师不断进行评估和调整。他们通过观察幼儿的活动表现，来了解每个活动的效果和存在的问题。根据评估结果，教师及时进行调整和改进，确保每个活动都能达到预期的教育目标。例如，在攀岩墙活动中，教师发现部分幼儿在攀爬过程中出现恐惧情绪，影响了他们的活动效果。为此，教师增加了攀岩技巧的讲解和心理辅导，通过鼓励和支持，帮助幼儿克服恐惧，增强自信心。

通过户外挑战性运动环境的创设，C 幼儿园成功实现了幼儿体能发展和心理素质提升的目标。幼儿积极参与了户外挑战性活动，表现出强烈的运动兴趣和冒险精神。他们在攀岩墙活动中，通过不断挑战自我，增强了体能和自信心；在绳网攀爬活动中，通过团队合作，增强了合作精神和沟通能力；在平衡木活动中，通过平衡训练，增强了身体协调性和平衡能力；在障碍赛道活动中，通过克服障碍，增强了体能和耐力；在户外探险活动中，通过野外探险，增强了探险精神和自然知识。户外挑战性运动环境的创设不仅丰富了幼儿园的教育内容，还为幼儿提供了更多自主探索和挑战自我的机会，提升了他们的综合素质和能力。

第六章　幼儿园环境创设的创新策略

第一节　幼儿园环境创设中教师角色的转变

在幼儿园环境创设过程中，教师的角色不仅仅是环境的设计者和布置者，还是教育活动的引导者和支持者。随着教育理念的不断更新和幼儿观的不断深化，教师在幼儿园环境创设中的角色也在发生显著的转变。

一、现代教育理念下的教师角色

随着现代教育理念的引入，教师的角色发生了显著转变。在新的教育理念下，教师从知识的传授者转变为学生学习的引导者和支持者，更多地关注幼儿的需求和兴趣。现代教育理念强调幼儿在学习过程中的主动性和参与性，因此教师在幼儿园环境创设过程中需要考虑如何激发幼儿的探索欲和学习兴趣。比如，教师可以通过提供适宜的学习资源和支持，帮助幼儿在探索和互动中发现和解决问题，从而培养他们的自主学习能力和创新精神。现代教育理念下的教师更加重视幼儿的个体差异和发展的多样性。反映到幼儿园环境创设中，教师则需要关注不同幼儿的兴趣、能力和发展水平，并为他们提供多样化的学习机会和体验，确保

194

每个幼儿都能在适合自己的环境中得到充分发展。这种个性化的环境创设需要教师具备敏锐的观察力和灵活的应变能力，不断调整和优化环境，以满足幼儿不断变化的需求。

二、教师在环境创设中的具体角色

教师在幼儿园环境创设中的具体角色多样且重要。作为观察者、设计者、引导者、支持者和评估者，教师需要综合运用多种技能和方法，为幼儿创造一个既安全、富有教育意义，又能激发他们自主性和创造力的学习环境。这些角色的有效扮演，不仅离不开教师对幼儿全面、深入的理解和对教育理念的灵活运用，还离不开教师在实践中的不断学习和反思，最终为幼儿提供更大的成长支持和更多的发展机会（图6-1）。

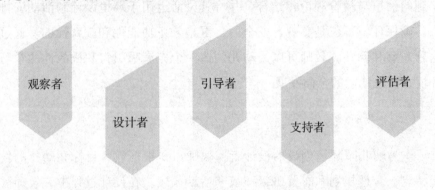

图6-1　教师在幼儿园环境创设中的具体角色

（一）观察者

教师在幼儿园环境创设中的观察者角色是全面、深入了解幼儿需求和促进其发展的重要基础。观察不仅指关注幼儿的行为，还需要教师通过细致入微地观察和互动，了解幼儿的兴趣、需求和发展水平。这种观察是动态、互动的，教师需要通过与幼儿的日常互动和交流，倾听幼儿的声音，理解他们的真实想法和感受。教师可以在幼儿自由活动时间观察他们选择的活动和玩具，从中了解他们的兴趣偏好。这种观察不仅包括记录行为，还包括分析行为背后的原因和动机。通过这种深度观察，教师可以识别出每个幼儿的个体差异和独特需求，从而在环境创设中更好地满足这些需求。观察还需要教师具有敏锐的洞察力，能够及时发现幼儿在活动中遇到的困难和挑战。例如，在科学探索区，如果某个幼儿总是避免参与活动，教师需要通过观察和交流了解原因，如果发现是因为材料太复杂或者缺乏指导，那么教师就应做出相应的调整，如简化材料或者提供更多的指导，帮助幼儿克服困难，增强他们的自信心，提升他们的参与度。

观察的目的是更好地服务于环境创设。通过细致观察，教师可以不断调整和优化环境，确保其始终适合幼儿的需求和发展。教师需要将观察到的信息与教育理论相结合，并将其灵活运用于环境设计和活动安排中，确保环境不仅是美观、安全的，更是兼备功能性和教育性的。通过这种观察和调整，教师可以为幼儿创造一个充满吸引力和挑战性的学习环境，促进他们的全面发展。

（二）设计者

作为幼儿园环境创设的设计者，教师需要根据教育目标和幼儿的发展特点，合理规划和布置班级环境和活动区域。在设计过程中，教师需要灵活运用教育理论和实际观察所得的信息，构建一个既能激发幼儿兴趣又能促进其发展的环境。在教室布置中，教师可以设置多个功能区，如阅读角、科学探索区、艺术创作区等，每个功能区根据不同的教育目标和幼儿的兴趣进行设计。每个区域的设计和布置，都需要考虑到幼儿在其中能够获得的体验和学习机会。阅读角可以布置舒适的座椅和丰富的图书，科学探索区可以提供各种实验器材和探索工具，艺术创作区可以准备丰富的绘画和手工材料。这些功能区提供的多样化的学习体验，可以满足不同幼儿的学习需求。

在设计过程中，教师还需要根据幼儿的反馈和发展情况，不断调整和优化环境，确保其始终具有吸引力和教育价值。如果某个区域长期没有吸引到幼儿的参与，教师需要反思和调整该区域的设置，如增加有趣和适宜的材料，以增强其吸引力。通过这种不断调整和优化，教师可以确保环境始终能激发幼儿学习兴趣和探索欲。

（三）引导者

作为环境创设的引导者，教师承担着引导幼儿积极参与环境设计和布置的重要职责。通过引导幼儿表达他们的想法和建议，教师不仅能增强环境的适宜性和功能性，还能培养幼儿的自主性和参与意识。引导的过程不仅仅是简单的提问和记录，还包括通过互动和交流，帮助幼儿表达和实现他们的创意。当幼儿提出新的环境布置建议时，教师可以与他们一起讨论和规划，并提供必要的材料和工具，以实现他们的想法。通过这种互动和合作，幼儿不仅能增强对环境的认同感和归属感，还能增强他们的创造力和问题解决能力。

在引导过程中，教师还需要根据幼儿的年龄和发展水平，提供适当的指导和帮助。对于年龄较小的幼儿，教师可以通过简单的问题和指示，引导他们参与环境的设计和布置；对于年龄较大的幼儿，教师可以为他们提供更多的自主空间和创作机会，让他们在环境创设中发挥更大的主动性和创造力。通过这种差异化的引导，教师可以确保每个幼儿都能在环境创设中获得适合他们自己的参与机会。

（四）支持者

在环境布置阶段，教师需要提供丰富多样的材料，确保幼儿在环境中获得多样化的学习和探索机会。物质上的支持体现在为每个活动区准备适宜的材料，如科学探索区的实验器材、阅读区的书籍和艺术创作区的手工材料。这些材料不仅要充足，还要符合安全和教育性原则，以为幼儿提供一个安全、有趣且具有挑战性的学习环境。幼儿在活动过程中，难免会遇到各种困难和挑战。教师需要敏锐地察觉到这些问题，并及时提供帮助和指导。通过观察和互动，教师可以了解幼儿的需求和情感状态，给予适当的鼓励和支持，帮助他们建立自信和积极的学习态度。心理上的支持体现在教师需要注重正向反馈，鼓励幼儿的努力和进步，而不仅仅是结果，通过表扬和认可，增强他们的信心和动力。比如，当幼儿在搭建积木时遇到困难，教师可以通过鼓励他们尝试不同的方法，并表扬他们的创造力和坚持不懈的精神，帮助他们克服困难，增强他们的问题解决能力。

作为支持者，教师还需要与家长和其他教育工作者合作，共同为幼儿创造一个安全、温暖和富有挑战性的学习环境。与家长的合作，可以通过家长会、家访和日常沟通等方式，了解幼儿的个体需求和家庭背景，共同制定适合的教育策略。与其他教育工作者的合作，则可以通过团队协作和专业交流等方式，共享经验和资源，共同提升环境创设的质量。

（五）评估者

评估不仅包括对环境本身的评估，还包括对环境在促进幼儿发展方面效果的评估。这种评估需要教师具备敏锐的观察力和专业的判断力，通过系统的记录和分析，发现环境中的优点和不足之处。

教师需要细致观察幼儿在各个活动区的参与度和互动情况，记录他们的行为、兴趣和反应。通过这些记录，教师可以了解环境是否满足了幼儿的发展需求，是否有利于教育目标的实现，并识别出需要改进的地方。评估不仅需要发现问题，更需要寻找解决方案和改进措施。教师需要通过分析记录的数据，评估环境的有效性，并根据评估结果对环境进行调整和优化。

通过对环境效果的评估，教师可以了解自己在环境创设中的成功之处和不足，发现需要改进的地方和方法。这种持续的反思和改进，是教师专业成长的重要途径，有助于不断提升自己的教育水平和环境创设能力。在评估过程中，教师可以通过借助外部资源、咨询专家、参加专业培训和教育研讨会、学习新的教育理念和环境创设方法，不断提升自己的专业素养。在评估过程中，教师还需要保持开放、客观的态度，善于倾听幼儿和家长的反馈。幼儿和家长是环境创设的重要参与者，他们的反馈和建议可以为教师提供宝贵的参考信息。通过倾听和回应幼儿和家长的建议，教师可以更好地调整和优化环境，确保其更符合实际需求和教育目标。

第二节　幼儿园环境创设中社区与家庭的参与

在幼儿园环境创设中，社区与家庭的参与起着至关重要的作用。社区作为幼儿生活和成长的广阔背景，提供了丰富的教育资源和实践场所；家庭则是幼儿最早的教育环境，对幼儿的身心发展有着深远影响。通过整合社区资源、鼓励家长参与，幼儿园可以创建一个更为全面、多样化的教育环境。

一、社区的参与

社区在幼儿园环境创设中的参与是非常重要的，因为它不仅能丰富幼儿园的学习资源，还能增进社区与幼儿园之间的联系，从而增强整个社区的凝聚力（图6-2）。

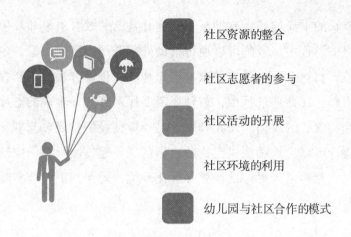

社区资源的整合

社区志愿者的参与

社区活动的开展

社区环境的利用

幼儿园与社区合作的模式

图 6-2　幼儿园环境创设中社区的参与

（一）社区资源的整合

社区中存在着丰富的教育资源，包括图书馆、博物馆、公园、社区活动中心等。这些资源不仅可以为幼儿提供多样化的学习机会，还能开阔他们的视野，深化他们的社会认知。

社区图书馆不仅能提供大量的书籍和资料，还经常举办各种读书活动和讲座。幼儿园可以定期组织幼儿前往社区图书馆，参与读书活动和讲座，培养幼儿的阅读兴趣和阅读习惯。图书馆的安静氛围和丰富的阅读资源也能激发幼儿的好奇心和求知欲。

社区博物馆通常展出各种有趣的展品，如化石、古文物、科学仪器等，幼儿通过参观可以了解相关知识。幼儿园可以不定期组织幼儿参观社区博物馆，并安排讲解员为幼儿讲解，帮助幼儿更好地理解展品背后的故事。社区公园和活动中心也是幼儿进行户外活动和社会实践的重要场所。公园中的花草树木、湖泊河流等，不仅可以让幼儿亲近自然，感受自然的美丽，还可以进行各种户外教学活动，如植物观察、昆虫捕捉等。社区活动中心则提供了丰富的室内活动场所和设备，幼儿可以在这里参与各种体育运动、手工制作、艺术创作等活动，培养他们的动手能力和创造力。

通过整合社区资源，幼儿园不仅可以为幼儿提供丰富的学习资源，还可以让他们在真实的社会环境中进行实践，深化他们的社会认知，增强他们的适应能力。

（二）社区志愿者的参与

社区志愿者的参与是社区资源的一种重要形式，也是幼儿园环境创设的重要组成部分。社区志愿者包括社区中的退休教师、专业人士、艺术家等，他们拥有丰富的知识和经验，可以为幼儿提供专业的指导和帮助，丰富幼儿的学习体验。

退休教师拥有丰富的教学经验和教育资源，可以为幼儿园提供专业的教育指导和支持。比如，退休教师可以参与幼儿园的课堂教学，为幼儿讲授各种知识，回答幼儿的提问，帮助幼儿解决学习中的困难。退休教师还可以帮助幼儿园组织课外活动，如组织读书会、书法班、音乐班等，丰富幼儿的课外生活。医生、律师、工程师等专业人士拥有丰富的专业知识和技能，可以为幼儿提供专业的指导和帮助。医生可以为幼儿开展健康知识讲座，教授他们良好的卫生习惯和科学的健康知识；律师可以为幼儿开展法律知识讲座，帮助他们了解基本的法律常识和自我保护知识；工程师可以为幼儿进行科学知识讲座，帮助他们了解各种科学现象和原理，激发他们的科学兴趣和求知欲。画家、音乐家、舞蹈家等艺术家拥有丰富的艺术创作经验和艺术资源，可以为幼儿提供专业的艺术指导和帮助。画家可以指导幼儿进行绘画创作，教授他们各种绘画技巧和方法；音乐家可以指导幼儿进行音乐演奏和歌唱，培养他们的音乐兴趣，提升他们的音乐素养；舞蹈家可以指导幼儿进行舞蹈表演，培养他们的舞蹈兴趣，提升他们的舞蹈技能。

通过社区志愿者的参与，幼儿可以接触到不同领域的专业知识和技能，开阔他们的视野，激发他们的学习兴趣和求知欲。

（三）社区活动的开展

社区活动的开展有助于增进社区成员之间的互动，增强社区的凝聚力，同时为幼儿提供丰富的学习资源和实践机会。幼儿园可以与社区合作组织各种社区活动，如社区庆典、环保活动、文化节等。这些活动不仅能丰富幼儿的生活经验，还能增强他们的社会参与意识和责任感。社区庆典通常包括各种文艺表演、体育比赛、游戏活动等，幼儿可以在这些活动中展示自己的才艺，参与各种有趣的游戏和比赛，培养自信心和团队合作精神。幼儿还可以通过社区庆典了解和感受社区的文化传统，从而增强他们的文化认同感和归属感。环保活动包括植树、捡垃圾、宣传环保知识等，幼儿通过参与实际的环保行动，能够增强他们的环保意识和社会责任感。幼儿还可以通过参与环保活动了解和感受自然环境的美丽及重要性，从而形成爱护自然、保护环境的良好习惯。文化节通常包括各种文化展览、艺术表演、手工制作等，幼儿可以在这些活动中展示自己的艺术才华，参与各种有趣的文化活动，培养艺术兴趣和创造力。幼儿还可以通过文化节了解和感受社区的多样文化，从而增强他们的文化理解力和包容力。

（四）社区环境的利用

社区环境包括社区中的自然环境和人文环境，这些环境不仅可以为幼儿提供丰富的学习资源，还可以深化他们的社会认知。社区中的河流、山丘等自然环境为幼儿在自然中的学习和探索提供了条件。幼儿园可以组织幼儿到河流进行水生动物观察，了解各种水生动物的生活习性和特点；还可以组织幼儿到山丘进行地质观察，了解各种岩石和矿物的特点和形成过程。这些活动不仅可以丰富幼儿的知识，还可以激发他们的好奇心和求知欲，培养他们的观察力和探究精神。社区中的历史建筑、文化遗址等人文环境可以为幼儿提供丰富的文化资源，为他们了解和感受社区历史和文化提供了条件。幼儿园可以组织幼儿参观社区中的历史建筑，了解建筑的历史背景和建筑风格；还可以组织幼儿参观文化遗址，了解遗址的历史背景和文化意义。这些活动不仅可以丰富幼儿的知识，还可以增强他们的文化认同感和归属感，培养他们的文化理解力和包容力。

通过社区环境的利用，幼儿园不仅可以为幼儿提供丰富的学习资源，还可以增强幼儿对社区的归属感和认同感，从而增强他们的社会参与意识和责任感。

（五）幼儿园与社区合作的模式

幼儿园与社区的合作是一种有效的教育策略，可以通过多种模式（包括合作办学、资源共享、联合举办活动等）实现。通过建立紧密的合作关系，幼儿园与社区可以实现资源的最大化利用，共同促进幼儿的发展。合作办学是幼儿园与社区合作的一种重要模式。通过合作办学，幼儿园可以利用社区的教育资源，丰富幼儿的学习内容和形式。例如，幼儿园可以将社区的图书馆、博物馆、科技馆等作为教学的延伸，为幼儿提供更多的学习机会和实践经验。幼儿园还可以邀请社区的教育专家、学者到幼儿园举办讲座和指导，帮助幼儿园提升教学水平和教育质量。通过资源共享，幼儿园与社区可以实现资源的互补和最大化利用，提高教育资源的利用效率。例如，幼儿园可以与社区图书馆共享图书资源，幼儿可以定期到社区图书馆借阅图书，参加读书活动，丰富他们的阅读经验和知识积累。幼儿园还可以与社区活动中心共享活动资源，幼儿可以在活动中心参加各种体育运动、艺术创作、手工制作等活动，丰富他们的课外生活，培养他们的兴趣爱好和特长。通过联合举办活动，幼儿园与社区可以共同策划和组织各种有益的教育活动，增强幼儿的学习兴趣和参与感。幼儿园可以与社区合作，组织各种社区庆典、环保活动、文化节等，这些活动不仅可以丰富幼儿的生活经验，还可以增强他们的社会认知和适应能力。幼儿园还可以与社区合作，组织各种专题讲座、科普活动等，为幼儿提供更多的学习机会和实践经验，促进他们的全面发展。

为了确保幼儿园与社区合作的有效实施，政府和教育主管部门需要建立并完善相关的政策与机制保障，鼓励和支持幼儿园与社区的合作，为合作提供政策保障和资金支持。此外，幼儿园可以与社区建立定期沟通和协商机制，确保合作的顺利进行和问题的及时解决。例如，幼儿园可以定期与社区召开联席会议，交流合作的进展和经验，探讨合作中存在的问题和困难，共同制订解决方案，以促进合作的有效实施和持续发展。通过培育合作文化，幼儿园与社区可以增进合作的共识和信任，提高合作的效率和效果。幼儿园可以通过开展各种合作活动和交流活动，增强与社区的互动和联系，增进彼此的了解和信任。幼儿园还可以通过宣传和教育，加深社区成员对合作的认识，加大他们对合作的支持力度，从而形成良好的合作氛围和文化，为合作的顺利进行提供有力保障。

二、家庭的参与

家庭是幼儿教育的重要场所，家庭环境对幼儿的成长和发展起着重要作用。家庭参与幼儿园的环境创设可以有效地提升家园共育效果，促进幼儿的全面发展（图 6-3）。

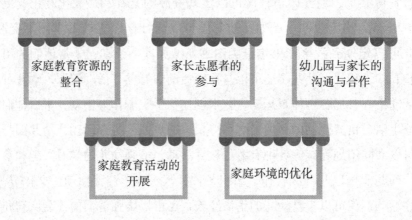

图 6-3　幼儿园环境创设中家庭的参与

（一）家庭教育资源的整合

每个家庭都有其独特的教育资源，这些资源可以为幼儿园的环境创设提供支持。家庭教育资源的整合是家园共育的重要途径，通过整合家长的职业特长、兴趣爱好和家庭藏书等资源，可以为幼儿提供多样化的学习机会和实践经验。

家长在各自职业领域内积累了丰富的知识和经验，这些资源可以在幼儿园的环境创设中发挥重要作用。有医学背景的家长可以为幼儿开展健康知识讲座，教授幼儿基本的健康知识和卫生习惯，从而增强幼儿的健康意识。有法律背景的家长可以为幼儿开展法律知识讲座，帮助幼儿了解基本的法律常识和自我保护知识。这些专业知识的传授，不仅可以完善幼儿的知识体系，还可以增强他们的自我保护意识和社会适应能力。有艺术背景的家长可以为幼儿园的环境创设提供多样化的支持。比如，有音乐特长的家长可以教幼儿唱歌或演奏乐器，培养幼儿的音乐兴趣和音乐素养。音乐教育不仅能够培养幼儿的审美能力，还能够提升他们的艺术素养和情感表达能力。有绘画特长的家长可以指导幼儿进行绘画创作，培养幼儿的艺术兴趣和创造力。绘画活动能够激发幼儿的创造力和想象力，帮助他们更好地表达自己的情感和思想。家庭藏书也是一种重要的教育资源。幼儿园可以通过家长会、家长开放日等形式，鼓励家长分享他们的家庭藏书，为幼儿提供更多的阅读资源。阅读不仅能够丰富幼儿的知识，还能够培养他们的阅读兴趣和阅读习惯，提高他们的语言表达能力和理解能力。家庭藏书的分享还可以增进家园互动，增强家长的参与感和责任感。

家庭教育资源的整合可以为幼儿提供更加丰富多样的学习资源，增强幼儿的学习兴趣和学习效果。家庭教育资源的整合还可以增强家长的参与感和责任感，提高家园共育效果。家庭教育资源的整合不仅是资源的共享和利用，更是家园共育的一种重要形式，通过这种形式，可以实现资源的最大化利用，共同促进幼儿的全面发展。

（二）家长志愿者的参与

家长志愿者可以参与到幼儿园的各类活动中，如课堂教学、户外活动、节日庆典等。在课堂教学中，家长志愿者可以作为助教，协助教师进行教学活动，回答幼儿的问题，帮助幼儿解决学习中遇到的困难。家长志愿者的参与能够为幼儿提供更多的个性化指导和帮助，从而促进他们的个性化发展。在户外活动中，家长志愿者可以作为辅导员，带领幼儿进行各种户外游戏和探险活动，培养幼儿的动手能力和团队合作精神。幼儿可以在户外的自然环境中学习和探索，来增强他们的观察力和探究精神。在节日庆典中，家长志愿者可以作为组织者，参与活动的策划和组织，帮助幼儿准备节日节目和装饰品，增强节日的氛围感。节日庆典不仅能够丰富幼儿的生活经验，还能够增强他们的文化认同感和归属感。通过参与幼儿园的各类活动，家长可以更深入地了解幼儿的学习情况和发展需求，及时发现并帮助幼儿解决问题、克服困难。此外，家长志愿者的参与还可以增进其与教师之间的沟通，形成良好的家园共育关系，共同促进幼儿的健康发展。

家长志愿者的参与需要幼儿园和家庭的共同努力。幼儿园可以通过家长会、家长开放日等形式，招募家长志愿者，并为他们提供必要的培训和指导，帮助他们更好地参与到幼儿园的各类活动中。幼儿园还可以建立家长志愿者档案，记录家长志愿者的参与情况和表现，为他们的参与提供激励和支持。家长志愿者的参与可以为幼儿提供更加丰富多样的学习资源，增强幼儿的学习兴趣，提升他们的学习效果。同时，家长志愿者的参与还可以增强其他家长的参与感和责任感，提高家园共育的效果，促进幼儿的全面发展。

（三）幼儿园与家长的沟通与合作

通过建立密切的沟通与合作关系，幼儿园与家长可以共同探讨和解决幼儿的发展问题，提高家园共育的效果。幼儿园可以通过家长会、家长开放日、家园联系册、建立家长委员会等形式，与家长保持密切的沟通。

家长会是幼儿园与家长沟通的重要形式。通过家长会，幼儿园可以向家长介绍幼儿的学习情况和发展计划，并听取家长的意见和建议，共同探讨和解决幼儿的发展问题。家长会不仅是信息传递的渠道，还是家园共育的重要环节，能够促进家长与教师之间的相互理解与支持。

通过家长开放日，家长可以亲身参与幼儿园的教学活动，了解幼儿的学习情况和环境，增进对幼儿园的了解。家长开放日不仅为家长提供了直观了解幼儿在园内的表现和活动的机会，还为家长提供了一个观察和学习幼儿教育方法的平台。

通过家园联系册，幼儿园可以及时向家长反馈幼儿的学习情况和表现，听取家长的意见和建议，共同促进幼儿的发展。家园联系册能够保持家长与幼儿园之间的连续沟通，确保家长能够及时了解幼儿在园内的表现和需要关注的事项，同时为家长提供表达意见和建议的渠道。家长委员会是家长参与幼儿园的管理和决策的重要途径。家长委员会可以参与幼儿园的发展规划、教育计划的制订和实施，为幼儿园的发展提供建议和支持。通过家长委员会，家长可以更深入地了解幼儿园的管理和运作情况，参与幼儿园的相关决策，增进对幼儿园的信任。家长委员会的建立不仅能够增强家长的参与感与责任感，还能够促进幼儿园的民主管理，提高幼儿园的管理水平和教育质量。

（四）家庭教育活动的开展

通过开展各种家庭教育活动，家长可以与幼儿园共同为幼儿提供丰富的教育资源和实践机会，增强家园共育效果。通过亲子阅读，家长可以与幼儿共同阅读书籍，分享阅读的乐趣和心得，增进亲子关系。亲子阅读不仅可以增强亲子关系，还可以提高幼儿的语言表达能力和理解能力。幼儿园可以通过组织亲子阅读活动，向家长传授科学的阅读方法和技巧，帮助家长提高家庭阅读的质量。亲子游戏是另一种重要的家庭教育活动。亲子游戏指家长和幼儿共同参与游戏活动，能够增进亲子关系，培养幼儿的动手能力和合作精神。幼儿园可以组织亲子游戏活动，邀请家长和幼儿一起参与各种游戏，如拼图游戏、角色扮演游戏、体育游戏等，增进亲子互动和家园互动。幼儿园还可以通过亲子游戏活动，向家长传授科学的游戏方法和技巧，帮助家长提高家庭游戏的质量。

家庭环保活动是一种具有教育意义的家庭教育活动。家庭环保活动指家长和幼儿共同参与环保行动，旨在增强环保意识，培养环保习惯。幼儿园可以组织家庭环保活动，邀请家长和幼儿一起参与植树、捡垃圾、制作环保手工等活动，还可以通过家庭环保活动，向家长传授科学的环保知识和方法，帮助家长提高家庭环保活动的质量。

（五）家庭环境的优化

通过优化家庭环境，家长可以为幼儿提供更良好的成长条件，更好地促进幼儿的全面发展。科学合理的作息时间安排，不仅能够保证幼儿的身体健康，还能够提升幼儿的学习效率。幼儿园可以通过家长培训，向家长传授科学的作息时间安排方法，帮助家长合理安排家庭作息时间。通过培训，家长能够深刻地了解到充足的睡眠对幼儿身体发育和心理健康的重要性，从而更加重视幼儿的作息时间安排，保证他们在健康的状态下进行学习和活动。

良好的学习氛围能够使幼儿更加专注于学习，提升他们的学习效率和学习效果。幼儿园可以通过家长培训，向家长传授营造学习氛围的方法和技巧，帮助家长为幼儿提供良好的学习环境。培训内容可以包括如何布置家庭学习空间，使之安静、整洁、有序；如何合理安排学习时间和休息时间，确保幼儿在学习时能够集中注意力；如何激发幼儿的学习兴趣，使他们主动参与到学习中来。提供适宜的学习材料是优化家庭环境的重要措施。适宜的学习材料能够激发幼儿的学习兴趣，使他们在学习中获得更多的乐趣和成就感。幼儿园可以通过家长培训，向家长传授选择和使用学习材料的方法和技巧，帮助家长为幼儿选择适宜的学习材料。培训内容可以包括如何选择适合幼儿年龄和发展水平的学习材料；如何使用这些材料进行有效学习；如何在家庭环境中创造丰富的学习环境。幼儿园还可以通过家访，深入了解幼儿的家庭情况，发现和解决幼儿在家庭环境中的问题，并提供有针对性的指导和支持。通过家访，幼儿园可以向家长传授优化家庭环境的方法和策略，帮助家长更好地支持幼儿的成长和发展。

第三节 幼儿园环境创设中优秀传统文化的融入

在全球化和多元文化发展的背景下，传承和弘扬本民族的优秀传统文化尤为重要。幼儿园作为幼儿早期教育的重要场所，承担着培养幼儿文化认同感和审美情趣的重任。通过将优秀传统文化融入幼儿园环境，不仅可以丰富幼儿的文化知识，激发他们对传统文化的兴趣，还能培养他们对本民族文化的自豪感和热爱之情。优秀传统文化中蕴含的美学元素、社会规范和礼仪教育，可以帮助幼儿在早期阶段形成良好的审美观念和行为习惯。

一、幼儿园环境创设中优秀传统文化融入的意义

幼儿园环境创设中优秀传统文化的融入具有重要意义，具体如下（图6-4）。

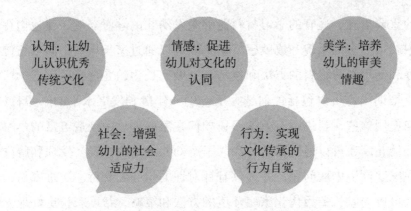

图6-4　幼儿园环境创设中优秀传统文化融入的意义

（一）认知：让幼儿认识优秀传统文化

将优秀传统文化融入幼儿园环境，有助于幼儿在早期阶段就接触和了解本民族的文化精髓。通过环境布置和教育活动，幼儿可以了解丰富的传统文化知识，不仅能拓宽他们的知识面，还能为他们未来的文化学习打下坚实基础。

在教室中，悬挂传统书画作品、展示传统工艺品，以及布置与传统节日相关的装饰物，不仅能够增强幼儿对传统文化的感知，还能在日常的教育活动中不断加深他们对这些文化元素的理解和认同。通过组织相关的教育活动，如传统节日的庆祝活动和传统故事的讲述，可以进一步加深幼儿对传统文化的认知。在这些活动中，幼儿不仅是参与者，还是传统文化的体验者和传承者。教师可以在日常教学中融入传统文化内容，使幼儿在轻松愉快的环境中学习这些文化知识。通过这种方式，幼儿能够获得对传统文化的直观体验和深刻理解，从而增强他们对传统文化的认同感。在传统故事讲述活动中，教师可以通过生动有趣的故事情节和丰富的文化背景介绍，使幼儿在听故事的过程中，了解传统文化的内容，并通过故事中的人物和情节，感受传统文化的魅力。这种讲述活动不仅能够激发幼儿对传统文化的兴趣，还能通过故事传达的价值观，潜移默化地影响幼儿的思想和行为，从而增强他们对传统文化的认同感和自豪感。

（二）情感：促进幼儿对传统文化的认同

通过参与各种传统文化活动，幼儿能够深刻体验到传统文化的美和魅力，从而增强他们对本民族文化的认同感。文化认同感是培养民族凝聚力、坚定文化自信的重要基础。在节日庆祝活动中，幼儿可以通过参与传统活动，感受节日的喜庆和文化的传承。这种参与不仅能够加深他们对传统节日的认知，还能够加深他们对传统文化的情感认同。例如，在春节期间，幼儿园可以组织幼儿进行剪纸和写春联等活动，这不仅能让他们了解节日习俗，还能激发他们的创作热情。这些活动能够在潜移默化中培养幼儿对传统文化的热爱和自豪感，从而增强他们的文化认同感。通过环境布置和活动设计，幼儿能够在日常生活中不断接触和感受传统文化的氛围。例如，在教室内展示与传统节日相关的装饰和手工艺品，可以让幼儿在潜移默化中感受文化的魅力。

文化认同感不仅能坚定幼儿的文化自信，还能帮助他们在多元文化环境中保持自己的文化身份。通过参与传统文化活动，幼儿能够在感受文化魅力的同时，增强对本民族文化的认同感和自豪感。这种认同感和自豪感能够帮助他们在未来的成长过程中，更加自信地面对不同的文化环境，坚定他们的文化自信，增强他们的民族自豪感。

（三）美学：培养幼儿的审美情趣

优秀传统文化中蕴含着丰富的美学元素，将这些元素融入幼儿园环境创设，可以培养幼儿的审美情趣。通过欣赏传统书画、陶艺和民间工艺品，幼儿能够感受到传统文化的美，有助于他们提升艺术素养和审美能力。另外，教师可以组织幼儿进行传统手工艺制作，如剪纸、泥塑等，这能使幼儿更直观地感受传统文化的美学价值。

在传统文化的熏陶下，幼儿不仅能够提升审美能力，还能激发创造力和想象力。

审美情趣的培养对幼儿未来的艺术学习和生活品位的提升具有重要意义。在日常生活中，幼儿可以通过观察和运用这些美学元素，逐渐形成自己的审美标准和艺术观念。教师可以通过不断引导和鼓励，帮助幼儿在日常生活中发现和欣赏美的存在，从而培养他们的审美情趣和艺术修养。

（四）社会：增强幼儿的社会适应能力

传统文化中包含许多社会规范和礼仪。通过教育活动，幼儿可以学习和理解这些规范和礼仪，从而增强他们的社会适应能力。通过环境创设和活动设计，教师可以帮助幼儿在早期阶段就形成良好的社会行为习惯。在日常教学中，教师可以通过讲解和示范传统的礼仪和行为规范，让幼儿学习和掌握这些知识。

在幼儿园中，幼儿通过实际参与各种社会活动，能够学习和理解社会规范和礼仪。通过这种方式，幼儿不仅能在潜移默化中形成良好的社会行为习惯，还能加深对这些规范和礼仪的理解，增强对它们的认同。这种认同能够帮助幼儿在未来的社会生活中更好地适应和融入不同的社会环境，即增强他们的社会交往能力和适应能力，从而更好地应对未来生活中的各种挑战。

（五）行为：实现文化传承的行为自觉

幼儿在参与传统文化活动的过程中，不仅是被动的接受者，还是主动的参与者和传承者。在环境创设中融入优秀传统文化，可以促使幼儿形成自觉传承文化的行为习惯。

在日常教学中，教师可以通过设计和组织传统文化活动，让幼儿在参与中体验传统文化。这种体验不仅能让幼儿感受到传统文化的魅力，还有助于促使他们通过实际行动传承优秀文化。文化传承的行为自觉不仅能够帮助幼儿在未来的成长过程中，更加自觉地传承和弘扬优秀传统文化，还能够通过他们的影响力，带动其他人加入文化传承的行列。

二、幼儿园环境创设中优秀传统文化的融入路径

在幼儿园环境创设中融入优秀传统文化，不仅有助于传承中华传统文化的精髓，还有助于全面提升幼儿的综合素质。然而，要实现这一目标，需要科学合理的路径规划和实施策略。从目标的确立、内容的选择、实施方式到评价体系的建立以及教师专业素养的提升，每一个环节都至关重要（图6-5）。

图6-5 幼儿园环境创设中优秀传统文化的融入路径

（一）目标的确立

在幼儿园环境创设中融入优秀传统文化能够培养幼儿对祖国的热爱、对民族文化的认同，坚定其文化自信。要实现这一目标，需要科学合理的路径规划和实施策略。以下将详细探讨如何在幼儿园环境创设中有效地融入优秀传统文化，从而为幼儿创造一个充满文化底蕴的成长环境。

1.明确教育目标

明确、具体的传统文化教育目标是成功实施教育计划的前提。需要注意的是教育目标需要与幼儿的认知特点和发展需求相契合，确保目标既具有挑战性，又能通过合理的教育手段达到。每个教育目标都应当具

体、可测量，并且具有可操作性，以保证教师在实施过程中能够有明确的方向和标准。明确的教育目标不仅有助于教师在实际教学中有章可循，还有助于家长更好地理解和配合幼儿园的教育工作。

2.制定传统文化教育的长期规划

长期规划不仅是对教育目标的宏观设定，还是对教育过程的具体安排和部署。制定长期规划时，需要从多个角度考虑，以确保规划的科学性和可操作性。阶段性目标的设定至关重要。教师可以将传统文化教育目标分解为若干阶段性目标，每个阶段性目标再设置具体的任务和评估标准。例如，主要培养低龄段幼儿对传统文化的初步兴趣和简单认知，加强中龄段幼儿对传统文化的理解和初步实践，要求高龄段幼儿在实际活动中较为熟练地运用传统文化知识和技能。通过这样的分阶段目标设定，可以确保传统文化教育的连续性和系统性，帮助幼儿逐步深入地了解和学习传统文化。教学内容的递进性也是制定长期规划的重要方面。教学内容应具有层次性和递进性，确保幼儿在每个阶段都能在前一阶段的基础上获得新的提升。例如，在初步认知阶段，可以通过故事和图片引导幼儿了解传统节日；在实际操作阶段，可以让幼儿参与制作节日手工艺品或表演传统节目。这种递进式的教学内容安排，可以帮助幼儿逐步建立起对传统文化的系统认识和深刻理解。资源配置的合理性也是制定长期规划时需要考虑的关键因素。图书、音像资料、手工材料等教育资源的更新，能够确保每个阶段都有充足且适宜的教学资源支持。合理的资源配置不仅可以提升教育效果，还可以激发幼儿的学习兴趣，增强他们的参与感和成就感。

3.构建多维目标体系

传统文化教育目标体系包括认知目标、技能目标和情感目标。这三个维度的目标相互关联，共同构成一个完整的教育体系。认知目标是让幼儿在具体的教育活动中了解传统文化的基本知识，如重要的节日、民间故事、传统艺术形式等。认知目标的实现主要通过教师的讲解、故事的讲述、图片和视频的展示等方式，使幼儿在感性认识的基础上逐步形成理性认识。技能目标是让幼儿在实践活动，如制作传统手工艺品、参与节日庆祝活动等中培养动手能力和创造力。技能目标的实现要求教师设计丰富的实践活动，让幼儿在动手过程中学习和掌握传统文化技能，如剪纸、书法、绘画等。情感目标是让幼儿在传统文化的熏陶中培养起对祖国的热爱、对文化的认同，从而增强其民族自豪感和文化认同感。情感目标的实现主要通过丰富的情感体验和感知活动，如民俗活动参与、传统音乐和舞蹈表演等，使幼儿在参与中产生情感共鸣，从而内化为对传统文化的热爱。通过情感教育，幼儿能够形成积极的情感态度和正确的价值观。

多维目标体系的构建需要考虑到幼儿的发展特点和教育需求，确保每个维度的目标都能在实际教学中得到具体落实，从而可以增强教育的全面性、系统性，促进幼儿的全面发展。

以上三个维度的目标体系的构建，可以确保幼儿园环境创设中优秀传统文化的融入具有明确的方向和具体的操作方法。在实际实施过程中，教师需要不断调整和优化教育目标，以顺应幼儿的发展变化和教育的需求变化，从而达到传统文化教育的最佳效果。科学合理的目标定位不仅可以提升教育效果，还可以增强教育的吸引力和实效性，为幼儿营造一个充满文化底蕴的成长环境。

（二）传统文化内容的选择

在幼儿园环境创设中融入优秀传统文化的关键在于选择适合幼儿认知特点和兴趣点的内容。通过科学的内容选择，幼儿可以在日常活动中感受传统文化的魅力，培养对传统文化的热爱和认同感。

1.以幼儿感兴趣的内容为主

在选择传统文化教育内容时，以幼儿感兴趣的内容为主，是确保教育效果的重要前提。幼儿的学习具有很强的兴趣导向性，只有符合他们兴趣的内容，才能激发他们的学习热情，达到良好的教育效果。因此，在内容选择上，应重点考虑幼儿的兴趣。为了了解幼儿的兴趣，教师可以通过观察、谈话、问卷等多种方式进行调查：观察幼儿在日常活动中的表现，了解他们对哪些传统文化内容表现出较大的兴趣；通过与幼儿的谈话，倾听他们的兴趣爱好和意见；设计简单的问卷，让家长也参与进来，从而全面了解幼儿的兴趣倾向。这些方法可以帮助教师准确把握幼儿的兴趣点，从而有针对性地选择教育内容。

在具体内容的选择上，可以选择一些生动有趣、易于理解和操作的传统文化内容。例如，传统节日的庆祝活动、民间故事的讲述和表演、传统手工艺的制作等。这些内容不仅具有很强的趣味性，还能通过实际操作增强幼儿的参与感和体验感，从而更好地激发他们的学习兴趣和热情。

内容的选择还应考虑到幼儿的年龄特点和认知水平。低龄幼儿的认知能力有限，可以选择一些简单、直观的内容，如图画书、动画片等；中龄和高龄幼儿则可以选择一些稍复杂的内容，如民间故事的情景表演、传统手工艺的制作等。这种分层次的内容选择策略，可以确保不同年龄段的幼儿都能在传统文化教育中习得适合自己的内容。

2.突出经典文化与地方特色文化

经典文化是中华文化的核心和精华，具有极高的教育价值。在幼儿园传统文化教育中，选择经典文化内容，可以让幼儿从小接触中华文化的精髓，培养他们的文化认同感和自豪感。对于幼儿来说，经典文化的选择可以包括经典的文学作品、传统节日、民间艺术等。例如，教师可以通过讲述《西游记》《红楼梦》等经典文学作品的故事，来激发幼儿对传统文学的兴趣；也可以组织春节、端午节、中秋节等传统节日的庆祝活动，让幼儿亲身感受传统节日的文化氛围；还可以通过展示和制作剪纸、书法、泥塑等民间艺术作品，培养幼儿的艺术素养和动手能力。

地方特色文化既是中华文化的重要组成部分，也是传统文化教育的重要内容。地方特色文化教育，可以帮助幼儿了解和认识家乡的文化特色，增强他们的文化自豪感和归属感。在内容选择上，可以结合地方特色文化资源，选择一些具有地方特色的传统文化内容。例如，可以组织幼儿参观当地的民俗博物馆、传统手工艺作坊等，让他们亲身体验和感受地方特色文化；还可以邀请当地的民间艺人来幼儿园进行表演和讲解，让幼儿近距离感受地方特色文化的魅力。

在选择经典文化与地方特色文化内容时，需要注重内容的多样性和丰富性，确保不同类型的传统文化内容都能在教育中得到体现。同时应考虑到幼儿的兴趣和接受能力，选择那些既有教育价值，又易于理解和操作的内容。通过参与丰富多彩的活动，幼儿能在潜移默化中加深对传统文化的热爱。

3. 注重传统与现代的融合

传统文化教育不仅要传承经典，还要与现代社会的生活方式和教育理念相结合，只有这样才能更好地满足幼儿的发展需求。因此，在内容选择上，应注重传统与现代的融合，既要保留传统文化的精髓，又要结合现代教育的特点，使其更具时代感和吸引力。

传统文化与现代教育的融合可以通过多种途径实现，这里主要介绍两种。第一种，可以利用现代科技手段，丰富传统文化教育的内容和形式。例如，通过多媒体技术展示传统文化内容，让幼儿在生动的图像和悦耳的声音中感受传统文化的魅力；通过动画片、电子图书等现代媒介，讲述传统故事和传说，使幼儿更容易理解和接受传统文化；还可以通过互联网和社交媒体，开展线上线下相结合的传统文化教育活动，扩大传统文化教育的覆盖面和影响力。第二种，可以将传统文化与现代生活方式相结合，让幼儿在日常生活中感受传统文化的存在和魅力。例如，可以在幼儿园中融入传统文化元素，如穿着传统服饰、品尝传统美食、参与传统游戏等，让幼儿在轻松愉快的氛围中学习和体验传统文化；还可以通过家庭作业、亲子活动等形式，让家长和幼儿共同参与传统文化的学习，增强家庭的文化氛围和教育效果。

在内容选择上，应注重选择那些既具有传统文化内涵，又能与现代生活方式相结合的内容。例如，可以选择一些具有现代感的传统手工艺，如现代剪纸、现代书法等。通过组织相关的活动，让幼儿在动手制作中感受传统文化的魅力；还可以选择一些结合现代元素的传统节日庆祝活动，如幼儿化的端午节赛龙舟，让幼儿在参与中体验传统文化的趣味和内涵。通过传统与现代的融合，可以让传统文化教育更加贴近幼儿的生活实际，从而增强其吸引力和实效性；还可以帮助幼儿更好地理解和接受传统文化，培养他们的创新意识和实践能力，从而实现传统文化教育的目标。

4.注重多元文化相结合

在全球化背景下，文化的多样性和包容性越来越受到重视。在幼儿园传统文化教育中，多元文化的结合，有助于开阔幼儿的视野，培养他们对文化多样性的理解能力。通过与其他文化的对比和融合，可以更好地彰显中华传统文化的独特魅力和价值。多元文化的结合可以通过多种方式实现，这里以两种方式为例进行说明。第一种，可以在传统文化教育中适当引入其他国家和民族的优秀文化，让幼儿了解不同文化的特点和内涵。例如，可以在传统节日庆祝活动中，融入一些其他国家的节日元素，如圣诞节、感恩节等，让幼儿在对比中了解不同文化的差异和共性；还可以通过讲述世界各地的民间故事和传说，让幼儿感受不同文化的魅力和智慧。第二种，可以通过与其他文化的互动和交流，增强幼儿对多元文化的理解和尊重。例如，可以组织多元文化主题活动，如文化节、国际日等，让幼儿通过亲身体验，了解不同文化的习俗和传统；还可以邀请其他国家和民族的文化使者来幼儿园进行讲解，让幼儿近距离接触不同文化。

在内容选择上，应注重选择那些既具有本土特色，又能与其他文化相结合的内容。例如，可以选择一些具有国际影响力的传统文化内容，如我国的功夫、茶道等，让幼儿了解中华文化在世界上的地位和影响；还可以选择一些结合现代元素的多元文化活动，如国际美食节、世界手工艺展览等，让幼儿在多元文化的氛围中感受不同文化的共融与和谐。

（三）科学的实施方式

在幼儿园环境创设中融入优秀传统文化，科学的实施方式是确保教育效果的保障。通过以下几个方面的措施，可以有效实现传统文化教育的目标，培养幼儿对传统文化的热爱和认同感。

其一，将传统文化与日常教育活动相结合，是实现传统文化教育目标的有效途径。幼儿的认知特点决定了他们更容易通过具体的活动和体验来理解和掌握知识。因此，在传统文化教育中，可以将传统文化内容融入多种教育活动，从而使幼儿在参与活动的过程中，自然地接受和内化这些文化。在教育活动中融入传统文化，可以采用多种方式。教师可以在日常课程中加入传统文化元素，如在语言课中讲述传统故事，在音乐课中教授传统乐曲，在美术课中创作传统艺术作品。这种融入方式不仅能丰富课程内容，还能使幼儿在多学科的学习中，全面接触和了解传统文化。还可以通过开展专项的传统文化活动，让幼儿在集中体验中加深对传统文化的认识。传统节日庆祝活动就是一种有效的形式，通过组织幼儿参与春节、端午节、中秋节等节日的庆祝活动，他们可以亲身体验传统节日习俗和文化内涵。在这些活动中，幼儿可以参与舞龙舞狮、包粽子、做月饼等实践活动，从而在动手实践中，感受传统文化的魅力。

其二，形成家园社教育合力。幼儿园传统文化教育的效果，不仅依赖园内的教育活动，还需要家庭和社区的共同参与，形成家园社教育合力。家庭和社区是幼儿成长的重要环境，家园社三方的紧密合作，可以为幼儿提供更加全面、丰富的传统文化教育资源。家长的文化素养和教育方式，对幼儿的文化认知和情感具有重要影响。因此，在传统文化教育中，应积极调动家长的参与和支持，通过家庭教育巩固和增强幼儿园的教育效果。为了实现家园合作，幼儿园可以定期举办家长会、家长开放日等活动，向家长介绍传统文化教育的重要性和具体内容，并邀请家长参与幼儿园的传统文化活动。家长和幼儿一起参加传统节日的庆祝活动、共同制作传统手工艺品、讲述家族中的传统故事等这种亲子共学的方式，不仅可以加深幼儿对传统文化的认识，还能增进亲子关系，营造良好的家庭文化氛围。幼儿园也可以布置一些与传统文化相关的家庭作业，如收集有关传统节日的资料、制作传统节日的装饰品等，鼓励家长和幼儿一起完成。幼儿园还可以组织家庭传统文化比赛，如家庭故事比赛、手工艺品展示等，激发家长和幼儿的参与热情，通过家庭的力量，推动传统文化教育的深入开展。

社区是幼儿传统文化教育的另一重要资源。社区内的文化设施、活动场所和文化活动，可以为幼儿提供丰富的传统文化资源。因此，在传统文化教育中，幼儿园应积极利用社区资源，开展多种形式的教育活动，形成社区支持和参与的良好氛围。幼儿园可以与社区的民俗博物馆、图书馆等合作，组织幼儿参与社区的文化活动。例如，可以组织幼儿参观民俗博物馆，了解传统工艺和习俗；到图书馆借阅有关传统文化的书籍，丰富幼儿的文化知识。借助社区的支持，幼儿园可以为幼儿提供更多的文化体验机会，开阔他们的文化视野。比如，邀请社区的文化工作者到幼儿园举办讲座和表演，让幼儿近距离接触和了解传统文化；邀请剪纸艺人现场展示剪纸技艺，让幼儿体验剪纸的乐趣；邀请书法家讲解书法艺术，教授幼儿练习书法。通过这种互动和交流，可以增强幼儿对传统文化的兴趣和认同感，促进他们文化素养的提升。家园社三方的紧密合作，可以形成强大的教育合力，为幼儿提供更加全面、丰富的传统文化教育资源，帮助他们在多元文化环境中，全面认识中华优秀传统文化。

其三，注重环境创设的连续性。环境不仅是教育的载体，还是幼儿感知和体验文化的重要媒介。要实现传统文化教育的目标，需要注重幼儿园环境创设的连续性，使幼儿在一个持久、稳定的文化氛围中，逐步培养对传统文化的认同和热爱。环境创设的连续性首先体现在教育内容的系统性上。传统文化教育内容应具有层次性和连贯性，以使幼儿在每个阶段的学习和体验中，都能感受内容的一致性和延续性。例如，可以在教室和公共区域布置与传统文化相关的图书、图片、工艺品等，以使幼儿随时随地都能感受到传统文化的存在。还可以通过不定期更新环境中的装饰元素，使环境布置具有动态性和持久性，以保持环境的新鲜感，持续激发幼儿的兴趣。环境创设的连续性其次体现在活动的持续性上。传统文化教育活动应具有持续性和连贯性，以使幼儿在连续的活动中，逐步加深对传统文化的认识和理解。例如，可以通过每年的传统节日庆祝活动，逐步加深幼儿对传统节日的认知；还可以通过长期的项目活动，如传统文化主题展示、传统手工艺制作等，使幼儿在持续的活动中，不断学习和掌握传统文化知识。

传统文化教育不应局限于特定的活动和时间，而应渗透到幼儿的日常生活中，使其成为幼儿生活的一部分。例如，幼儿园可以在餐饮、着装、游戏等中融入传统文化元素，使幼儿能时刻接触到传统文化。幼儿园还可以邀请家长和社区参与，以使幼儿在家庭和社区生活继续传统文化的学习和实践，形成连续的文化体验。

（四）多元化的评价体系

评价体系不仅是评估幼儿学习效果和发展状况的工具，还是优化和改进教育方法的重要手段。科学、全面、多样化的评价体系能够更准确地反映幼儿在传统文化教育中的进步和问题，从而促进幼儿的全面发展。

评价主体的多元化是确保评价客观、公正和全面的关键。传统的评价方式往往仅依赖教师的主观判断，难以全面反映幼儿的真实表现和发展状况。因此，引入多元的评价主体，包括教师、家长、幼儿、同伴等，能够从不同角度对幼儿的学习进行评估。教师作为传统文化教育的组织者和实施者，对幼儿的学习情况最为了解。他们可以通过观察、记录、交流等方式，全面掌握幼儿在传统文化学习中的表现和进步。教师的评价不仅应关注幼儿的知识掌握情况，还应关注幼儿的活动参与度、创造力和合作能力。家庭是幼儿成长的重要环境，家长对幼儿的行为和表现有深入的了解。家长的参与可以反映幼儿在家庭中的表现，有助于形成对幼儿发展的全面评估。家长可以通过家园联系手册、家长会和家庭教育反馈等方式，提供他们对幼儿学习情况的观察和意见。这不仅有助于教师更全面地了解幼儿的发展状况，还有助于形成家园教育合力。自评和互评可以培养幼儿的自我反思和批判性思维能力。在传统文化教育中，幼儿可以通过自评，认识到自己的优点和不足，从而增强自信心和改进学习方法。通过同伴互评，幼儿可以学会欣赏他人的优点，培养合作精神和集体荣誉感。这种多元化的评价主体，不仅可以增强评价的全面性和客观性，还可以促进幼儿在评价过程中形成正确的价值观和良好的行为习惯。

评价内容的丰富化是多元评价体系的重要组成部分。在传统文化教育中，评价内容涵盖知识掌握、情感体验和技能发展等多个方面。知识掌握评价评估幼儿对传统文化知识的理解和记忆能力，如对传统节日的由来、民间故事的情节、传统艺术的基本特点等的掌握情况。情感体验评价评估幼儿在传统文化教育中的情感态度和价值观念，如对传统文化的兴趣和热爱、对祖国文化的认同感和自豪感等。技能发展评价则评估幼儿在实践活动中的动手能力和创造力，如制作传统手工艺品、表演传统节目等。评价内容的丰富化还包括对幼儿综合素质的评价。传统文化教育不仅涉及知识的传授，还涉及综合素质的培养。评价幼儿的语言表达能力、艺术鉴赏能力、社会交往能力和问题解决能力，可以全面反映幼儿的综合素质。对综合素质的评价，不仅有助于发现幼儿的优势和特长，还有助于及时发现和纠正他们在成长过程中的问题和不足。

评价方法的多样化是实现评价体系科学性、有效性的保障。单一的评价方法往往难以全面反映幼儿的真实表现，因此需要采用多样化的评价方法，如观察法、记录法、问卷法、访谈法、展示法等。观察法指教师通过在日常活动中的观察，记录幼儿的行为和表现，分析他们的学习情况和发展趋势。记录法指通过记录幼儿在传统文化教育中的作品、活动过程和表现，形成系统的评价资料。问卷法指通过问卷，了解幼儿和家长对传统文化教育的意见与建议，收集评价信息。访谈法指教师通过与幼儿、家长的面对面交流，获取他们对教育过程和效果的深度反馈。展示法指通过展示幼儿的作品和表演，评估他们的学习成果和发展水平。通过多种评价方法的综合运用，可以形成对幼儿学习效果和发展状况的全面评估，从而为传统文化教育的改进和优化提供科学依据。

在多元化评价体系的实施过程中，需要注意评价的连续性和动态性。幼儿的发展是一个持续的过程，评价也应具有连续性和动态性。评价应具有连续性，以便及时发现幼儿在不同阶段的发展变化和问题，从而进行有针对性的指导和调整。评价应具有动态性，关注幼儿在不同活动和情境中的表现，综合分析他们的综合素质和能力发展。通过连续性和动态的评价，可以全面、科学地掌握幼儿的成长轨迹，确保传统文化教育的效果和质量。

（五）教师专业素养的提升

教师不仅是传统文化教育的传授者，还是传统文化教育的实施者和引导者。要实现传统文化教育的目标，必须不断提升教师的专业素养，使其具备扎实的传统文化知识、先进的教育理念和丰富的教学经验。以下将详细探讨如何通过系统培训、教学研究、资源共享和实践交流，全面提升教师的专业素养。

定期组织传统文化教育的系统培训，可以帮助教师系统地学习并掌握传统文化知识，提高其专业水平。系统培训不仅包括传统文化知识的传授，还包括教育方法、教学技能和课堂管理等方面的教授。通过参与系统培训，教师可以深入了解传统文化的内涵和外延，掌握科学的教育方法和策略，提升教学效果和质量。系统培训应注重理论与实践的结合。传统文化博大精深，教师不仅需要掌握基本知识和理论，还需要通过实践活动，深刻理解和体会其精髓。例如，在学习传统节日时，教师可以通过参与传统节日的庆祝活动，体验其独特的文化氛围和内涵；在学习传统手工艺时，教师可以通过亲手制作手工艺品，感受其制作过程和艺术魅力。通过理论与实践的结合，教师可以更好地理解和掌握传统文化，为教学实践奠定坚实基础。

鼓励教师开展传统文化教育的教学研究，可以促进其在实践中不断探索和创新，提高教学水平。教学研究不仅可以帮助教师总结教学经验，发现和解决教学中的问题，还可以推动传统文化教育的发展和创新，为教育理论和实践提供新的思路和方法。教师可以通过多种形式开展研究活动。例如，可以通过课堂观察和记录，分析幼儿在传统文化学习中的表现和反应，发现和解决教学中的问题；通过问卷调查和访谈，了解幼儿和家长对传统文化教育的意见与建议，并据此优化教学方法和内容；通过教学实验，验证和推广新的教学方法和策略，提升教学效果和质量。通过教学研究，教师可以不断提升自身的专业水平，推动传统文化教育的创新和发展。

建立教师资源共享平台，可以促进教学资源和经验的交流与共享，提高整体教学水平。资源共享不仅包括教学资料和教案的共享，还包括教学经验和心得的交流。通过资源共享，教师可以互相学习和借鉴，共同提高教学质量。资源共享应注重资源的丰富性和多样性。传统文化内容丰富，涉及面广，教师需要准备多种多样的教学资源来支持其教学实践。例如，图书、音像资料、手工材料等都是重要的教学资源，它们可以帮助教师更好地进行传统文化教育。教师的教学经验和心得也是宝贵的资源，通过交流和分享，可以互相借鉴和学习，共同提高教学质量。通过建立资源共享平台，教师可以方便地获取各种教学资源，提升自身的专业水平。

　　教师参加传统文化教育的实践交流活动，可以通过观摩学习、经验分享等形式提升文化素养和专业水平。实践交流不仅可以开阔教师的视野，还可以通过互动和交流，激发教师的创新思维和教学热情。在实践交流中，教师可以参加各种形式的交流活动，如教学观摩、经验分享会、专题研讨会等。在教学观摩中，教师可以观摩、学习其他教师的课堂教学，了解和借鉴其教学方法和策略；在经验分享会中，教师可以分享和交流自己的教学经验和心得，相互启发和学习；在专题研讨会中，教师可以围绕传统文化教育的热点和难点问题，进行深入的探讨和研究，推动传统文化教育的发展和创新。通过实践交流，教师可以不断提升自身的专业水平，推动传统文化教育效果的增强。

　　在提升教师专业素养的过程中，教育主管部门和幼儿园应提供必要的支持和保障，确保各项措施的顺利实施。例如，可以通过设立专项经费，支持教师参加培训和交流活动；通过制定激励政策，奖励在传统文化教育中表现突出的教师；通过建立评估和反馈机制，及时了解和解决教师在提升专业素养过程中遇到的问题。通过全方位的保障和激励机制，可以推动教师专业素养的不断提升，促进传统文化教育效果的全面增强。

第四节　幼儿园环境创设中乡土资源的利用

　　幼儿园环境创设中乡土资源的引入为幼儿提供了与众不同的学习和体验机会。乡土资源的利用不仅使教育内容更加生动有趣，还能帮助幼儿建立对当地文化和环境的深刻认识。乡土资源的多样性和独特性不仅能激发幼儿的探索精神，增强他们的实践能力，还能培养他们对家乡的爱与尊重。通过对乡土资源的运用，幼儿园可以创造一个既富教育意义又充满本土特色的教育环境。

一、乡土资源的概念及分类

（一）乡土资源的概念

乡土资源是指幼儿园所在社区在自然、文化、生态方面的资源，包括乡土地理、民风习俗、传统文化、生产和生活经验等。[①]这些资源涵盖丰富的自然景观和深厚的人文历史，是幼儿园开展教育活动的重要资源。将乡土资源引入幼儿园环境创设中，幼儿能够接触到生活中最真实的自然与文化，从而丰富认知，培养热爱家乡、尊重自然的情感。

乡土资源不仅包括看得见、摸得着的实物资源，还包括无形的文化遗产和社区人力资源。它们共同构成了一个完整的教育体系，为幼儿提供了丰富多样的学习素材。乡土资源的利用，不仅可以增强幼儿教育的趣味性和多样性，还可以在潜移默化中培养幼儿的环保意识和文化认同感。在乡土资源的利用过程中，教育者需要深入挖掘当地资源的教育价值，并将这些资源有机地融入幼儿园的日常教学和活动中。这样，幼儿不仅能够在游戏和活动中获得知识与技能，还能感受到家乡文化的独特魅力，从而形成对家乡的热爱和认同。

（二）乡土资源的分类

根据性质和特点，乡土资源可以分为自然资源、人文资源、文化资源和社会资源四大类。

自然资源是指存在于自然界中，具有地方特色的动植物、矿产和地貌等。具体来说，当地特有的植物种类，如某些特有的树木、花卉，以及具有地方特色的动物，如特定的鸟类、昆虫等，都是宝贵的自然资源。此外，地方独有的地质特征，如奇特的岩石、独特的矿产，也为幼儿提供了丰富的探究素材。人文资源是指地方的历史遗迹、传统节日和民间

---

① 师云凤.乡土教育资源在幼儿园教育活动中的运用 [J].学前教育研究,2006(1)：19-20.

故事等。这类资源蕴含着丰富的历史和文化内涵，是幼儿园开展人文教育的重要素材。通过对当地历史遗迹的参观和了解，幼儿可以了解当地的历史和发展历程，从而增强对地方文化的认同感，例如，地方的古建筑、历史名人故居等，都是极具教育意义的人文资源。传统节日和民间故事也是重要的人文资源。通过组织幼儿参与当地的传统节庆活动，了解节日的来历和庆祝方式，可以让幼儿体验到浓厚的地方文化氛围，感受地方传统文化的魅力。讲述和演绎当地的民间故事，可以培养幼儿的语言表达能力和想象力，增强他们对家乡文化的兴趣和认同。文化资源包括当地的传统手工艺、建筑风格和饮食文化等。这些资源不仅是地方文化的象征，还是幼儿园开展艺术和文化教育的重要素材。地方独特的传统手工艺品，不仅可以展示给幼儿观看，还可以让幼儿亲身体验手工艺的制作过程，培养他们的动手能力和创造力。地方的建筑风格也是一种重要的文化资源。通过观察和了解当地的建筑风格，幼儿可以了解不同建筑的设计特点和文化内涵，从而提升他们的审美能力和文化素养。饮食文化也是重要的文化资源。通过了解和品尝当地的特色食品，幼儿可以感受到不同饮食文化的魅力，从而更深刻地理解当地文化。社会资源是指社区组织、地方名人和志愿者等。这类资源具有鲜明的社会属性，是幼儿园开展社会实践和社区教育的重要资源。通过与社区组织的合作，幼儿园可以组织幼儿参与各种社区活动，如环境保护、社区服务等，从而增强幼儿的社会责任感和实践能力。地方名人也是重要的社会资源。邀请地方名人到幼儿园举办讲座或互动活动，可以让幼儿了解当地杰出人物的事迹和成就，激励他们树立远大理想和目标。此外，社区志愿者的参与也是利用社会资源的重要方式。社区志愿者可以为幼儿园提供多种形式的支持和帮助，如组织活动、讲解知识等，从而丰富幼儿的学习内容和形式。

二、乡土资源在幼儿园环境创设中的重要作用

乡土资源在幼儿园环境创设中具有重要作用，具体表现在以下几个方面（图6-6）。

丰富教育内容

增强环境的吸引力

培养幼儿的文化认同感

促进幼儿园与社区的互动

图6-6 乡土资源在幼儿园环境创设中的重要作用

（一）丰富教育内容

在幼儿园环境创设中，单一的教材和教学方法往往难以满足幼儿多样化的学习需求。乡土资源的引入能够极大地丰富教育内容，使教育更加贴近幼儿的生活实际，激发他们的学习兴趣。通过将当地特色资源融入教育内容，幼儿园可以设计出丰富多样的教育活动。例如，利用当地的自然资源组织户外探险活动，让幼儿在自然环境中观察植物的生长、动物的行为等。这样的活动不仅能够激发幼儿的好奇心和探索欲，还能让他们在实际操作中学习更多的科学知识和技能。

除了自然资源，乡土资源中的人文资源，如地方的历史遗迹、传统

节日和民间故事等，也能为幼儿园提供宝贵的教育素材。通过参观历史遗迹，幼儿可以了解当地的历史和文化背景，增强他们的历史意识，提升他们的文化素养。传统节日的庆祝活动，不仅能让幼儿体验到节日的快乐，还能通过参与活动，感受传统文化的魅力。当地的传统手工艺、建筑风格和饮食文化等，也能为幼儿园的教育内容增添不同色彩。这些文化资源的引入，能让幼儿体验到不同类型文化资源的魅力，增强他们对地方文化的认同。

（二）增强环境的吸引力

幼儿园环境的吸引力直接影响到幼儿的学习兴趣和参与度。通过融入地方特色元素，幼儿园可以创造一个充满魅力和吸引力的学习环境，激发幼儿的兴趣和探索欲。乡土资源中的自然资源，如当地特有的植物、动物和地貌等，都是极具吸引力的环境元素。在幼儿园的户外环境中种植当地特色植物，能够为幼儿提供一个观察和探索自然的场所。通过亲身接触和观察植物的生长过程，幼儿不仅能学到有关植物生长的知识，还能感受到大自然的美妙与神奇。将当地特有的小动物引入幼儿园环境创设中，也能激发幼儿的兴趣，培养他们爱护动物的意识和责任感。

在幼儿园的公共区域或教室内布置具有地方特色的装饰，如传统手工艺品、地方风俗图案等，不仅能美化环境，还能为幼儿提供丰富的文化信息。在特定的节日，幼儿园可以布置与节日相关的装饰，营造浓厚的节日氛围，让幼儿感受节日的喜庆与热闹。文化资源中的建筑风格和饮食文化，也为环境创设提供了丰富的素材。通过在幼儿园的建筑外墙上绘制当地特色图案，或者使用当地特有的建筑材料进行装饰，可以营造出独特的地方文化氛围。在幼儿园的食堂或餐厅中定期推出当地特色食品，可以让幼儿在品尝美食的同时，了解当地的饮食文化。

（三）培养幼儿的文化认同感

乡土资源的利用不仅能够丰富教育内容、增强环境的吸引力，还能在潜移默化中培养幼儿的文化认同感。通过接触和学习当地文化，幼儿能逐渐形成对自己生活环境的认同感和归属感。

通过对乡土资源的挖掘和利用，幼儿可以在日常教育环境中接触到丰富的当地文化信息。通过了解当地的历史遗迹和传统文化，幼儿可以感受到家乡文化的深厚底蕴，增强对家乡的热爱和自豪感。通过参观当地的历史遗迹，幼儿可以了解当地的历史故事和重要人物，提升他们的文化素养。文化认同感的培养还可以通过实际的动手体验来实现。通过制作当地特色的手工艺品，幼儿可以体验到传统手工艺的独特魅力，增强对当地文化的认同感。在饮食文化的体验中，幼儿可以通过品尝本地特色食品，了解食品的制作过程和文化背景，增强对当地饮食文化的兴趣和认同。

（四）促进幼儿园与社区的互动

社区是乡土资源的重要来源，通过与社区组织和成员的合作，幼儿园可以获取更多的资源和支持。例如，幼儿园可以与当地的图书馆、博物馆等合作，共同组织教育活动，利用他们的资源和专业知识，丰富幼儿园的教育内容；还可以邀请当地的文化传承人、手工艺人等到幼儿园进行现场展示和讲解，让幼儿在互动中学习和体验当地文化。社区互动的促进还体现在幼儿园与社区共同开展的各类活动中。例如，幼儿园可以组织幼儿参与社区的环境保护活动，让他们在实际行动中感受保护环境的重要性，增强环保意识；还可以组织幼儿参与社区的传统节日庆祝活动，通过亲身体验和参与，感受社区的文化氛围。社区志愿者的参与也是促进社区互动的重要方式。社区志愿者可以为幼儿园提供多种形式的支持和帮助，如协助组织活动、讲解知识、提供资源等。通过社区志愿者的参与，幼儿园不仅能获取更多的资源和支持，还能增强幼儿对社区的归属感和责任感。

三、幼儿园环境创设中乡土资源的具体应用

乡土资源在幼儿园环境创设中具有强大的应用潜力，通过合理利用，可以极大地提升幼儿园的教育质量，增强幼儿园环境的吸引力。以下是具体的应用策略，涵盖宣传、教师培训、材料选择、课程开发、实践操作等多种途径（图6-7）。

图6-7　幼儿园环境创设中乡土资源的具体应用

（一）加大宣传力度

在幼儿园环境创设中，对乡土资源的利用需要得到广泛宣传和认同。通过加大宣传力度，可以加深社会各界对乡土资源重要性的认识。具体措施包括以下几种。其一，定期组织社区宣传活动。通过展示和讲解乡土资源在幼儿园环境创设中的应用案例，提升家长和社区居民的参与度。这些活动可以包括环境创设的实物展示、创设过程的照片和视频展示，以及教师和幼儿的体验分享。通过这些活动，社区成员能够直观地看到乡土资源在幼儿园环境创设中的实际应用效果，从而更好地理解其重要性。社区宣传活动还包括邀请家长和社区居民参与到乡土资源的收集和创设过程中，让他们亲身体验乡土资源的应用价值。这不仅能够增强家长和社区居民的参与感和认同感，还能够为幼儿园提供更大的支持。其二，媒体宣传。利用当地媒体如报纸、广播、电视和社交媒体平台，宣

传乡土资源的价值和应用实例，深化公众对乡土资源的认知。媒体宣传可以覆盖到更多的人群，尤其是那些平时较少参与幼儿园活动的家长和社区成员。媒体宣传的内容可以包括乡土资源的定义和重要性、幼儿园环境创设中乡土资源的具体应用案例、教师和幼儿的使用体验等。媒体的广泛传播，有助于引起社会各界对乡土资源利用的关注和重视，从而为幼儿园环境创设提供更好的舆论支持。其三，家长会和开放日。在家长会和幼儿园开放日中，幼儿园可以设置专门的宣传展示区，向家长介绍乡土资源在环境创设中的具体应用，增强家长的参与感和认同感。幼儿园还可以通过展示用当地自然材料制作的手工艺品、乡土文化元素装饰的活动区等，向家长介绍乡土资源在环境创设中的具体应用实例。通过这些展示和介绍，可以增强家长对乡土资源利用的认同感，激发他们参与乡土资源收集和创设的积极性。

（二）增强教师的自主创设意识

在幼儿园环境创设中，教师是关键的实施者，他们的创设意识和能力直接决定了环境创设的效果。因此，增强教师的自主创设意识对充分利用乡土资源至关重要。

通过定期组织教师参加乡土资源利用专题培训，可以显著增强教师对乡土资源的应用能力。培训内容不仅可以包括乡土资源的定义、种类及其在幼儿园环境创设中的应用实例，还可以包括如何识别和收集乡土资源、如何将其有效地融入幼儿园环境中，以及创设过程中需要注意的安全和卫生问题。通过参与这种系统的培训，教师不仅能掌握更多的理论知识，还能在实践中增强自己的创设能力，从而更加自主地进行环境创设。通过建立教师专业交流平台，鼓励教师分享乡土资源利用的经验和创意，有助于教师共同进步。交流平台可以是线上论坛、社交媒体群组，还可以是定期的线下交流会。通过这些平台，教师可以展示他们在乡土资源利用方面的创设成果，分享在创设过程中遇到的问题和解决办法，以及新的创意和灵感。通过这种形式的交流，不仅可以促进教师之间的互相学习和借鉴，还可以激发更多的创新思维和创意，提高整体的创设水平。设立相关奖励机制，对在乡土资源利用方面有突出贡献的教师给予奖励，可以有效激发其他教师的创新热情。奖励机制可以包括物质奖励和精神奖励两方面。物质奖励可以是奖金、礼品或是培训机会，精神奖励可以是荣誉称号、表彰大会上的嘉奖等。通过这种方式，不仅可以鼓励更多的教师积极参与到乡土资源的创设中来，还有助于形成良好的竞争氛围，推动教师不断提升自己的创设水平。

另外，做好乡土资源利用案例库建设工作，收集和整理优秀的乡土资源应用案例，可以提高创设效率。案例库可以包括文字描述、图片、视频等多种形式，详细记录每一个优秀案例的创设过程、所用材料、效果展示等内容。这些案例不仅可以为教师提供具体的创设思路和方法，还可以帮助他们在创设过程中少走弯路，提高效率。

（三）注重材料的多样化

在利用乡土资源进行幼儿园环境创设时，应注重材料的多样化，以丰富幼儿的体验。利用当地的自然资源进行环境创设，可以有效增强幼儿对自然的亲近感。自然材料具有独特的质感，能够激发幼儿的探索兴趣。例如，树枝、树叶、石头、贝壳等都是极具教育价值的自然材料。树枝可以用于搭建简易的结构物，树叶可以用来制作拼贴画，石头可以作为建构游戏的材料，贝壳可以用于手工制作。这些自然材料不仅环保，而且能让幼儿在操作中感受到自然的魅力，培养他们的环保意识和观察能力。

引入当地的传统手工艺品，是弘扬地方文化和培养幼儿动手能力的重要途径。传统手工艺品如编织、陶艺、剪纸等，蕴含着丰富的文化内涵和手工技艺。编织可以培养幼儿的耐心和细致，陶艺可以增强他们的创造力和艺术感知，剪纸则可以锻炼他们的手眼协调和精细动作。在制作过程中，幼儿不仅能体验到创造的乐趣，还能对当地文化产生更强的认同感和自豪感。

利用废旧物品进行环境创设，既能节约资源，又能培养幼儿的环保意识。通过对废旧物品，如旧衣物、旧家具、废弃纸箱等的巧妙设计和改造，可以将其变成幼儿游戏和学习的材料。例如，旧衣物可以剪成布条用于编织，旧家具可以改造成游戏区的装饰，废弃纸箱可以制作成手工玩具。这种再利用的方式，不仅能减少废物对环境的污染，还能激发幼儿的想象力和创造力，让他们在动手实践中体验变废为宝的乐趣和成就感。选用多种颜色和质地的布料、纸张、绳子等，能够创设丰富多彩的环境，营造出温馨、有趣的氛围。例如，彩色布料可以用于制作窗帘和挂饰，纸张可以用来剪裁成各种形状进行拼贴，绳子可以用来编织装饰物。这些装饰材料不仅能美化环境，还能为幼儿提供丰富的感官刺激，激发他们的艺术想象力和创造热情。

（四）开发教材与课程

乡土资源的利用不局限于环境创设，还可以将其融入教材与课程开发中，使幼儿在日常学习中感受乡土文化的魅力。

1.本土化教材

开发适合当地幼儿的本土化教材，将乡土资源融入教学内容，有助于促进幼儿对家乡的了解和热爱。本土化教材可以包括乡土故事、地方动植物知识、民间传说等内容。这些内容不仅能够扩大幼儿的知识面，还能培养他们的乡土情结。通过学习本土化教材，幼儿可以了解家乡的历史和文化，增强文化认同感。

本土化教材的开发需要结合当地的实际情况和幼儿的认知特点。教材内容应生动有趣，符合幼儿的理解水平，注重图文并茂，增强互动性和参与性。教师在使用本土化教材时，可以通过实物展示、现场参观、亲子活动等形式，使幼儿在亲身体验中感受乡土资源的魅力。这样不仅可以激发幼儿的学习兴趣，还能让他们在实践中加深对所学知识的理解和记忆。

2.乡土主题课程

通过开设乡土主题课程，幼儿可以在实践活动和探究学习中，深入了解乡土资源。乡土主题课程不仅可以涉及自然科学领域，还可以涉及社会科学和艺术等多个领域。例如，通过探究当地植物的生长过程，幼儿可以学习植物学知识，培养他们的观察力和实验精神。又如，通过参观地方名胜古迹，幼儿可以了解当地的历史文化知识，增强他们的文化认同感。

乡土主题课程的设计应注重实践性和互动性。例如，教师可以组织植物种植、动物饲养等活动，让幼儿通过亲身参与了解植物的生长规律和动物的生活习性。教师还可以利用节庆活动，实施相应的主题课程，让幼儿在庆祝节日的过程中了解节日的由来和习俗。

3.动态调整课程

根据季节变化和乡土资源的特点，动态调整课程内容，可以使幼儿的学习内容更加贴近生活实际。动态调整课程不仅能够增强课程的灵活性和实效性，还能通过季节性的活动，培养幼儿对自然的热爱和对四季变化的敏感性。例如，春季可以开展植物种植活动，让幼儿亲手种植花草，观察植物的生长过程，学习植物学知识；秋季可以进行丰收节庆活动，让幼儿了解农作物的种类和收获过程，增加他们的农业知识，增强他们的环保意识。动态调整课程还包括根据乡土资源的特点设计不同的主题活动。例如，在水资源丰富的地区，可以开展水生植物和水生动物的观察和研究活动，让幼儿了解水生生态系统的特点和重要性；在山地或丘陵地区，可以组织幼儿进行地质考察和矿物收集活动，让他们认识不同的地质结构和矿物资源，培养他们的科学探究精神。

（五）增加幼儿的实践机会

在利用乡土资源进行幼儿园环境创设时，应注重增加幼儿的实践机会，让他们在动手实践中获得真实的体验和成长。教师可以通过设计丰富的实践活动、组织户外探究活动、举办亲子合作活动以及开展社区互动活动，让幼儿充分了解乡土资源的魅力，培养他们的实践能力和合作精神。

乡土资源的实践活动多种多样。幼儿可以利用当地的自然材料，如树叶、石头、泥土等，制作各种工艺品。这不仅能锻炼幼儿的手眼协调能力，还能让他们在制作工艺品的过程中体会创作的乐趣和成就感。例如，幼儿可以用泥土制作陶器，了解陶器制作的基本过程和技巧；用树叶和花瓣制作拼贴画，锻炼创造力和艺术感知能力。在这些活动中，幼儿通过实际操作，不仅能实际运用所学知识，还能增强动手能力和专注力。种植养殖活动也是一种非常有效的实践操作方式。在教师的指导下，幼儿可以亲手种植蔬菜、花卉等植物，饲养兔子、鸡等小动物，通过观察、照顾它们的生长，学习关于植物、动物的基本知识和技能。在种植活动中，幼儿可以了解植物从种子到开花结果的过程，体会大自然的奇妙和生命的力量；在养殖活动中，幼儿可以通过喂养和照顾小动物，增强责任感。这些活动不仅能让幼儿了解动植物的生长规律，还能增强他们对自然的热爱和保护意识。户外探究活动可以让幼儿在广阔的空间里直接接触乡土资源。幼儿园可以组织幼儿参观农田、果园、手工艺作坊等，让他们亲身感受乡土资源的丰富性。在农田里，幼儿可以了解农作物的种植过程和生长环境，学习农业知识和技能；在果园里，他们可以通过采摘水果体验收获的喜悦；在手工艺作坊，幼儿可以通过观察工匠的制作过程，了解传统手工艺的精湛技艺和文化内涵。这些户外探究活动不仅能拓宽幼儿的视野，还能培养他们的探究精神和动手能力。通过这种亲身体验，幼儿可以更深刻地理解自然界的奥秘，增强他们对乡土文化的认同感。定期举办亲子合作活动，让家长和幼儿一起利用乡土资源进行创设，也是重要的实践活动形式。亲子合作活动可以包括共同制作乡土工艺品、种植花草、开展传统游戏等。这些活动不仅能够增进亲子之间的情感交流，还可以让家长更深入地了解幼儿园的教育理念和实践方法，支持幼儿园的环境创设工作。通过亲子合作活动，家长和幼儿可以共同体验乡土资源的独特魅力，增强对家乡的热爱和认同感。在制作乡土工艺品的过程中，家长可以向幼儿介绍乡土材料的来源和用途，传授传统工艺的技巧和方法；在种植花草的活动中，家长可以和幼儿一起观察植物的生长过程，分享种植经验和心得；在传统游戏中，家长可以和幼儿一起体验游戏的乐趣，传承乡土文化传统。这些活动不仅能丰富幼儿的学习内容，还能增进亲子之间的互动和交流，增强家长对幼儿园教育的认同。

这些具体措施的实施，不仅能提高幼儿园的教育质量，还能让幼儿在学习和生活中感受乡土资源的独特魅力，培养他们热爱家乡、珍惜资源的情感。实践活动不仅是幼儿园环境创设的一部分，还是教育幼儿的重要途径。通过实际操作，幼儿能够将抽象的知识具体化，从而更深刻地理解所学内容。这不仅有助于提升幼儿的学习效果，还有助于提升他们的综合素质和能力，为他们的未来发展打下坚实的基础。

四、乡土资源应用中的注意事项

在幼儿园环境创设中，乡土资源的利用需要综合考虑幼儿的安全、健康、教育效果以及资源的可持续性，具体包括以下几点（图6-8）。

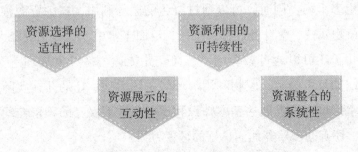

图6-8　乡土资源应用中的注意事项

（一）资源选择的适宜性

选择适宜的乡土资源是幼儿园环境创设的关键。选择的乡土资源应符合幼儿的年龄特点和认知水平，避免使用过于复杂或具有潜在危险的资源。在引入自然景观时，应特别注意选择无毒、无刺的植物，避免对幼儿造成伤害。资源的选择不仅需要考虑安全性，还需要考虑资源是否能激发幼儿的兴趣和好奇心，从而促进他们的主动学习。

在进行资源选择时，应充分考虑到当地的气候和环境条件，选择适宜当地生长的植物和材料，并能发挥一定的教育功能。例如，选择一些四季常青的植物，不仅能美化环境，还能在不同季节为幼儿提供观察和学习的素材。选择适宜的资源还应避免那些可能引发幼儿过敏或其他健康问题的材料，确保幼儿在安全、健康的环境中活动和学习。

（二）资源利用的可持续性

过度开发和破坏资源不仅会对环境造成负面影响，还违背教育的初衷。在进行农事体验活动时，可以采用有机种植和循环利用的方式，培养幼儿的环保意识和可持续发展观念。通过实践活动，幼儿能够认识到资源的有限性和保护环境的重要性，从小树立起可持续发展的理念。为了实现资源的可持续利用，幼儿园应采取科学的管理和维护措施。例如，在种植植物时，应使用有机肥料，避免使用化学农药，以保护土壤和水源。在进行资源采集时，应注意控制采集量，不破坏资源的生长环境，以保持生态平衡。同时，可以通过资源的循环利用，减少资源浪费。例如，将植物残枝、落叶等制作成堆肥，返回土壤中，提高土壤肥力。

幼儿园还可以通过教育活动，向幼儿传递可持续发展理念。例如，通过组织如垃圾分类、废物利用等环保主题活动，让幼儿在实际操作中理解和掌握可持续发展的基本知识和技能。这不仅有助于培养幼儿的环保意识，还有助于培养他们良好的环保习惯。

（三）资源展示的互动性

乡土资源的展示应注重互动性，鼓励幼儿亲身参与和体验。互动性强的资源展示能极大地激发幼儿的参与兴趣。例如，在民俗文化展示区，可以设置手工制作区，鼓励幼儿动手制作传统手工艺品。在这种亲身体验中，幼儿能够增强他们的动手能力和创新意识。

为了增强资源展示的互动性，幼儿园可以设计多种互动体验活动。例如，在种植体验区，幼儿可以亲身参与植物的种植和照料，通过观察植物的生长过程，了解自然规律和生命的奥秘。在动物饲养区，幼儿可以与小动物亲密接触，通过喂养和照顾动物，培养他们的爱心和责任感。通过这些互动体验，幼儿能在与自然的亲密接触中，增强对自然的热爱和保护意识。幼儿园还可以利用现代科技手段，增强资源展示的互动性。例如，人工智能、虚拟现实等技术，能让幼儿在虚拟环境中学习乡土资源的相关知识。这种创新的展示方式，不仅能丰富幼儿的学习内容，还能增强他们的学习兴趣和积极性。

（四）资源整合的系统性

幼儿园在利用乡土资源进行环境创设时，应注重资源的系统性。资源的系统性不仅能够提高资源的利用效率，还能使幼儿在系统的学习环境中，全面、深入地理解和掌握所学内容。在引入自然景观时，可以结合农事体验和环保教育活动，形成一个综合性的教育项目。例如，在种植区，不仅可以进行植物种植，还可以开展土壤保护、水资源管理等环保教育活动。在动物饲养区，可以结合动物保护、生态平衡等主题，开展相关的教育活动。通过这种系统性的资源整合，幼儿能够在多维度的学习中，全面理解和掌握乡土资源的相关知识与技能。为了实现资源的系统整合，幼儿园可以制订科学的资源利用和管理计划，明确各类资源的功能和利用方式，确保资源在教育环境中的合理配置和有效利用；还可以通过教师的专业培训，增强教师对乡土资源的认知和利用能力，使他们在教学过程中充分发挥资源的教育价值。

通过以上措施，幼儿园在利用乡土资源进行环境创设时，能够确保资源的合理利用和幼儿的安全健康，提升教育质量和效果。在充满乡土气息的教育环境中，幼儿能在真实的体验中培养对家乡文化的认同感、自豪感，同时培养热爱自然、珍惜资源的情感，为他们的发展奠定坚实基础。

参考文献

[1] 邢琳，李爱娟，李丽萍．幼儿园环境创设 [M].成都：电子科技大学出版社，2021.

[2] 王海英．儿童视野的幼儿园环境创设 [M].北京：人民教育出版社，2019.

[3] 康琳．幼儿园环境创设与利用 [M].武汉：华中科技大学出版社，2017.

[4] 刘敏．幼儿园环境创设实践 [M].成都：四川大学出版社，2015.

[5] 伍香平．幼儿园环境创设：整体环境 [M].武汉：湖北少年儿童出版社，2010.

[6] 何桂香．幼儿园环境创设新视角 [M].北京：农村读物出版社，2008.

[7] 沃尔什．幼儿园户外游戏环境创设 [M].侯莉敏，等译．北京：中国轻工业出版社，2022.

[8] 董旭花，韩冰川，张海豫．幼儿园户外环境创设与活动指导 [M].北京：中国轻工业出版社，2018.

[9] 崔哲．幼儿园区域环境创设与活动开展 [M].北京：中国轻工业出版社，2017.

[10] 胡秀玲．新时代背景下幼儿园中华优秀传统文化教育环境创设 [M].武汉：长江少年儿童出版社，2019.

[11] 刘巧茹．幼儿园区域活动中教师的观察与指导 [J].学前教育研究，2021

241

（5）：93-96.

[12] 陈颖清.幼儿园"童乐游戏"课程的建构与管理 [J].学前教育研究，2021（4）：85-88.

[13] 冯鑫.幼儿园开放性游戏环境的创设 [J].学前教育研究，2020（10）：93-96.

[14] 樊永玲.回归幼儿本真的幼儿园户外环境创设 [J].学前教育研究，2020（9）：89-92.

[15] 刘娟.幼儿园高质量室内运动环境的创设 [J].学前教育研究，2020（6）：93-96.

[16] 谌明霞.中国传统元素在幼儿园环境创设中的运用探究 [J].工程抗震与加固改造，2023，45（5）：190.

[17] 李春玲.以儿童为中心的幼儿园一体化学习环境 [J].学前教育研究，2022（8）：87-90.

[18] 章兰，何丽娟.幼儿园适宜性教育环境的内涵与创建策略 [J].学前教育研究，2019（3）：89-92.

[19] 黄豪，杨晓萍.走向符号实践：论幼儿园教育环境的意义创设逻辑 [J].浙江师范大学学报（社会科学版），2017，42（6）：31-37.

[20] 叶明芳.促进幼儿与材料互动的主题环境创设 [J].学前教育研究，2017（2）：70-72.

[21] 王建平，郭亚新.蒙台梭利环境教育思想与儿童发展关系的理论建构 [J].比较教育研究，2016，38（11）：55-59.

[22] 弓萱漪.幼儿园环境创设中的色彩应用研究 [J].流行色，2023（5）：18-20.

[23] 郭燕燕，孙妍.面向未来的幼儿园环境创设新思路 [J].河南教育（基教版），2022（11）：73-74.

[24] 牛芳军.幼儿园环境创设问题及改善对策 [J].今天，2022（11）：247-248.

[25] 杜艳玲.幼儿园环境创设对幼儿成长的影响 [J]. 华夏教师，2021（17）：15-16.

[26] 李梅芳.幼儿园环境创设与安全教育的关系探讨 [J]. 读与写，2021，18（7）：283，289.

[27] 李晓丽.幼儿园环境创设的实践与思考 [J]. 甘肃教育，2019（16）：34.

[28] 张莉.基于多维度的幼儿园环境创设课程改革 [J]. 大观，2023（2）：143-145.

[29] 梁银平，曾蓉.高品质幼儿园环境创设探索与实践 [J]. 留学，2024（1）：48-49.

[30] 马丽锋.幼儿园环境创设中乡土资源的开发和利用研究 [J]. 今天，2022（13）：67-68.

[31] 江兴红.中华优秀传统文化在幼儿园环境创设中的应用 [J]. 陕西教育（教学版），2022（6）：79-80.

[32] 陈丽华.幼儿园环境创设中的色彩应用探索 [J]. 大观，2020（2）：51-52.

[33] 李松励.浅谈幼儿园环境创设中的角色设计 [J]. 文艺生活（中旬刊），2020（1）：31.

[34] 陈国义.幼儿园环境创设的研究与探索 [J]. 家长，2021（13）：113-114.

[35] 郁丽萍.儿童视角下幼儿园环境的创设与指导 [J]. 山西教育（幼教），2023（6）：66-68.

[36] 李妍欣.文化自信下的幼儿园环境创设 [J]. 家教世界，2022（30）：31-32.

[37] 张亚琴.基于生态美育理论对幼儿园环境创设的探究 [J]. 山西教育（幼教），2021（8）：46-47.

[38] 吴孟琦.指向深度学习的"幼儿园环境创设"项目学习设计 [J]. 广东职业技术教育与研究，2021（6）：83-85.

[39] 陈玮 . 践行"儿童视角"下的幼儿园环境创设 [J]. 早期教育（教育教学），2019（12）：51-52.

[40] 王庆 . 浅谈幼儿园环境创设的重要性 [J]. 科教导刊（电子版），2019（12）：38.

[41] 刘秀娟 . 幼儿园环境创设与课堂教学的融合实践 [J]. 新课程，2022（22）：114-115.

[42] 黄丹丹 . 中华优秀传统文化在幼儿园环境创设中的应用 [J]. 大众标准化，2021（3）：89-91.

[43] 许静 . 信息化背景下幼儿园环境创设的新方法 [J]. 吉林广播电视大学学报，2021（2）：24-26.

[44] 田艳平 . 自然教育理念下幼儿园环境的创设 [J]. 山西教育（幼教），2022（5）：8-9.

[45] 徐鹏 . 幼儿园环境创设对幼儿身心发展的影响和价值 [J]. 新课程，2020（50）：10.

[46] 覃肖莹 . 节庆活动主题设计融入幼儿园环境创设课程的教学实践 [J]. 上海包装，2023（9）：217-219.

[47] 马天洁 . 校"园"深度融合 增强幼儿园环境创设一体化课程实效性 [J]. 新课程教学（电子版），2023（6）：175-176.

[48] 李莉 . 基于主动性学习理念下的幼儿园环境创设 [J]. 家教世界，2020（36）：12-13.

[49] 罗琴艳 . 益于幼儿心理健康发展的幼儿园环境创设 [J]. 新智慧，2020（20）：95-96.

[50] 王俊 . 浅谈非遗文化在幼儿园环境创设中扮演的角色 [J]. 家教世界，2020（12）：40-41.

[51] 周冬冬 . 浅谈生态学视域下幼儿园环境创设 [J]. 新教育时代电子杂志（学生版），2020（8）：7.

[52] 雷婧 . 学前教育专业幼儿园环境创设课程的设置与安排 [J]. 品位·经典，

2020（7）：151-152.

[53] 赵兰.浅谈幼儿园环境创设中的本土自然资源运用[J].家长,2020（6）：
87-88.

[54] 王振.民间美术在幼儿园环境创设中的应用[J].文艺生活（文艺理论）,
2020（5）：149.

[55] 田亮.幼儿园环境创设作用与创设策略探研[J].成才之路,2020（5）：
104-105.

[56] 瞿思佳.论幼儿园环境创设的安全性原则[J].学周刊,2018（25）：
182-183.

[57] 马虹.开放教育理念下的幼儿园环境创设分析[J].新智慧,2020（2）：24.

[58] 林琼华.乡土资源在幼儿园环境创设中的开发与利用[J].考试周刊,
2021（21）：159-160.

[59] 刘淑萍.幼儿园环境创设中存在的问题及解决策略[J].家教世界,2021
（18）：16-17.

[60] 王盼盼.基于"亲自然"体验式课程理念下幼儿园的环境创设[J].新
智慧,2023（30）：88-89.

[61] 李婧.开放教育视角下的幼儿园环境创设方法[J].华夏教师,2021
（14）：11-12.

[62] 曹雪萍.幼儿园环境创设现状分析与理性思考[J].好家长,2017（2）：
76-77.

[63] 朱文静.幼儿园环境创设的激励机制构建[J].学园,2023,16（33）：
90-92.